갈등관리와 협상

김강민
단국대학교 분쟁해결연구센터 연구교수로 공공갈등의 인식과 정부 및 시민단체의 역할, 정책불응, 정책네트워크, 정책분석, 정책사례 등에 관한 연구를 수행하고 있다.

김학린
단국대학교 분쟁해결연구센터 연구교수로 공공갈등에 관한 심리적 기제와 합리적, 평화적 해결방안에 관심을 갖고 환경분쟁, 시민인식, 관용, 신뢰에 관한 연구를 수행하고 있다.

임재형
단국대학교 정치외교학과 강의전담 교수로 남북한 관계, 한국의 공공갈등, 갈등관리, 공공갈등에서 시민단체의 역할, 다문화 갈등 등에 관한 연구를 수행하고 있다.

전형준
단국대학교 분쟁해결연구센터 산학협력전담 조교수로 갈등 커뮤니케이션 분야 및 갈등 코칭 분야를 교육하고 있으며, 공공갈등 사례들에 대해 직접 조정인으로 참여하고, 관련 연구도 수행하고 있다.

갈등관리와 협상

2018년 3월 10일 인쇄
2018년 3월 15일 발행

지은이 _ 김강민 · 김학린 · 임재형 · 전형준
펴낸이 _ 장호성
기 획 _ 김남필
제 작 _ 성두현
편 집 _ 박보혜
펴낸곳 _ 노스보스
등 록 _ 1968.2.27 : No. 제03-00095호
주 소 _ 경기도 용인시 수지구 죽전로 152
전 화 _ 031-8005-2405
팩 스 _ 031-8021-7154

값 15,000원

ISBN 978-89-7092-607-0 03330

단국대학교 분쟁해결연구센터 총서 2

갈등관리와 협상

김강민 · 김학린 · 임재형 · 전형준

서 문

공공갈등에 대한 관심이 커지면서 이에 대해 연구하는 학자들도 많아지고 공공갈등 해결을 위해 활동하는 전문가들도 늘어나고 있다. 이들이 활동을 통해 작성한 보고서와 경험담은 한국의 공공갈등 해결과 예방을 위해 많은 도움을 주고 있다. 갈등관리를 위해 실시되는 갈등영향분석과 전문가들에 의해 실시되는 조정이 이제는 낯설지 않다. 특히 공공갈등 연구자들은 한국 공공갈등의 특징을 파악하기 위해 공공갈등 관련 방대한 데이터를 구축하고 있으며, 설문조사를 통해 공공갈등에 대한 국민들의 인식을 알아보고 있다. 공공갈등에 대한 관심은 중앙정부뿐만 아니라 지방정부에서 커지고 있는 상황이다. 많은 지방정부들이 공공갈등 관리를 위해 공공갈등 관련 조례를 통과시켜 제도화하고 있으며 나아가 갈등을 관리하고 조정하는 갈등조정관 제도를 신설하여 운영하기도 한다. 공무원들에 대한 공공갈등 교육도 점차 확대되고 있는데 이는 공공갈등이 한국사회에 미치는 영향력이 점점 커지고 있기 때문이며 무엇보다 공공갈등 관리의 중요성이 인식되고 있기 때문이다.

공공갈등에 대한 교육은 대학으로 확대되고 있다. 단국대학교 정치외교학과는 공공갈등 관련 수업을 오래 전에 개설하여 지속적으로 운영하고 있으며 국무조정실 지정 갈등관리 연구기관인 단국대학교 분쟁해결연구센터에서도 공공갈등 관련 수업을 개설해 학생들에게 공공갈등을 이해하고 만날 수 있는 기회를 제공하고 있다. 분쟁해결연구센터는 한국연구재단 중점연구소로 선정된 이후 계속해서 공공갈등 수업을 개설해 공공갈등에 관심이 있는 학생들에게 다양한 정보를 제공하고 전문가 양성에 이바지하고 있다. 공공갈등 관련 수업은 다른 학교에서도 이루어지고 있지만 학생들의 눈높이에 맞는 교과서는 찾을 수 없었다. 대부분의 교재는 전문가용으로 학생들이 읽기에는 어려웠다.

분쟁해결연구센터는 공공갈등에 관심 갖는 학생들을 위해 교과서를 발간해야겠다고 오래 전부터 계획하고 있었다. 약 2년 동안 논의하고 토론하며 작업한 결과물, 『갈등관리와 협상』이 늦었지만 나왔다는 점에 매우 기쁘게 생각한다. 갈등관리와 협상 교과서는 공공갈등 입문서로 제1부 공공갈등이란 무엇인가?, 제2부 공공갈등, 어떻게 분석하고 해결할 것인가?로 구성되어 있다. 제1부 공공갈등이라 무엇인가?는 ① 갈등의 이해, ② 공공갈등의 이해, ③ 공공갈등 관련 법제 현황과 개선방향, ④ 한국사회 공공갈등 현황 총 4개의 장으로 구성되어 있다. 제2부 공공갈등, 어떻게 분석하고 해결할 것인가?는 ① 갈등분석 기법, ② 갈등해결과 대체적 갈등해결, ③ 합의형성 기법 총 3개의 장으로 구성되어 있다.

모든 장에 "학습 목표"와 "토론 사항"을 두고 각 장이 목표로 하고 있는 내용에 대해 적시하고 있으며 학생들과 함께 토론할 수 있는 내용은 무엇이 있을까 안내하고 있다. 교과서는 많은 사례를 통해 학생들이 쉽게 공공갈등을 이해하고 관심을 가질 수 있도록 하였다. 또한, 단국대학교 분쟁해결연구센터가 구축한 한국 공공갈등 데이터의 결과를 보여줌으로써 한국사회 공공갈등 현황은 어떤지 말해주고 있다.

갈등관리와 협상 교과서는 2015년 발간한『공공갈등, 국민에게 묻는다: 2008~2014 설문조사를 중심으로』에 이은 단국대학교 분쟁해결연구센터의 두 번째 총서로 공공갈등이라는 사회적으로 중요한 주제가 캠퍼스에서 다양하게 다루어질 수 있도록 풍성한 내용을 담고 있다. 갈등관리와 협상 교과서가 공공갈등에 관심 있는 학생들에게 도움을 줄 수 있기를 기대하며 지속적으로 발전시킬 것을 약속한다.

2018년 이른 봄에

단국대학교 분쟁해결연구센터 소장 가상준

목 차

제2부 공공갈등, 어떻게 분석하고 해결할 것인가?

제 **1** 부

공공갈등이란 무엇인가?

1 갈등의 이해

학습 목표	• 사회 속에서 갈등이 발생하는 원인에 대해 이해한다. • 갈등의 개념과 특성에 대해 이해한다. • 갈등이 진행되는 과정에 대해 이해한다. • 등은 사회적 기능에 대해 이해한다. • 갈등의 종류에 대해 이해한다.

1. 갈등의 개념

갈등(葛藤)이 없는 사회를 우리는 유토피아(utopia)라고 부른다. 현실적으로는 아무데도 존재하지 않는 이상의 나라, 이상향(理想鄕)이라는 것이다. 이렇듯 현실 사회는 갈등이 보편화되어 있고 일상화되어 있으며 다양한 유형으로 발생하고 있다. 그리고 우리는 다양한 차원의 갈등을 경험하고 이를 해결해가면서 살아가고 있다.

갈등이 발생하는 가장 큰 원인은 사회 구성원인 인간의 욕망은 끊임없는데 반해 그 욕망을 채워줄 수 있는 물질적인 것들과 비물질적인 것들을 포함한 사회적 가치(價値)들은 한계가 있기 때문이다. 이러한 갈등은 사회 내에서 개인과 개인 간, 개인과 집단 간, 그리고 집단과 집단 간에 다양한 차원으로 발생한다.

〈표 1-1〉 다양한 갈등 사례

구분	당사자	대화 1	대화 2
개인 내	자신 대 자신	"지금 일어나자"	"좀 더 자고 싶다"

대인 간	상사와 부하	"프로젝트 마무리를 위해 연장근무를 해야 합니다."	"집안 사정으로 연장 근무가 어렵습니다."
	동료와 동료	"A안에 찬성합니다."	"B안이 더 실용적입니다."
	아내와 남편	"아이와 좀 놀아주세요."	"회사 업무를 해야 해 아이와 놀아주기가 어려워요."
	고객과 세일즈맨	"상품 내용에 대해 제대로 설명하지 않았습니다."	"고객이 설명을 똑바로 듣지 않았습니다."
집단 내	영업부와 생산부	"납기를 지켜주세요."	"지금 상황으로는 지키기가 어렵습니다."
	기획부서와 실행부서	"계획대로 실행해주세요."	"계획대로 실행하기 위해서는 인력이 더 필요합니다."
집단 간	회사와 회사	"납품 가격 인하를 원합니다."	"인건비가 올라 가격 인하가 어렵습니다."
	시청과 주민	"열병합발전소 설립이 필요합니다."	"발전소를 설립하면 냄새와 미세먼지로 인해 주거환경이 나빠져 반대합니다."
	국가와 국가	"원유 생산량을 늘려야 합니다."	"현재까지는 생산량을 늘릴 필요가 없습니다."

자료: 최환규 · 김성희(2016: 13).

갈등은 칡갈(葛)과 등나무등(藤)자의 합성어이다. 칡과 등나무는 같은 콩과식물에 속하는 덩굴 식물로서 다른 물체를 감으면서 뻗어 자라지만 감는 방향이 달라 동일한 장소에서 자라면서 서로를 감아 올라가게 되면 떼어내기 어렵게 된다. 따라서 갈등이란 단어 속에는 해결하기 어렵게 된다는 의미를 지니고 있는 것이다.

갈등의 영어 표현인 'conflict'는 'configere'라는 라틴어에서 유래한 말로

〈그림 1-1〉 칡넝쿨(왼쪽)과 등나무(오른쪽)

'con(함께)'과 'fligere(충돌, 다툼)'의 합성어이다. 갈등의 어원을 살펴보면 맞서고 있는 둘 상의 상대가 있고 충돌하거나 다투는 쟁점이 존재하고 있음을 알 수 있다. 이를 종합하면 갈등은 칡과 등나무가 서로 얽혀 있어 풀기 어려운 것과 같이 "개인 및 집단 사이의 목표나 이해관계의 차이로 서로 적대시하거나 충돌하는 상태"라고 할 수 있다(국민대통합위원회 · 한국사회갈등해소센터, 2014: 3). 다시 말하면, 갈등이란 "개인, 집단, 국가 간의 생각과 이해관계에 있어서의 심각한 차이나 충돌"이라고 정의할 수 있다(임동진 외, 2011: 19).

갈등은 개인관계나 사회발전에 부정적인 기능만을 하는 것이 아니라 어떻게 관리하고 해소하느냐에 따라 긍정적인 기능을 하기도 한다. 갈등을 통해 개인 및 조직의 문제점을 드러내어 통합 · 발전의 계기가 될 수 있으며 침체된 조직 및 사회에 활력을 불어넣어 줄 수 있는 순기능 때문이다. 이러한 갈등의 기능에 대해 "갈등을 통해 갈등을 완화하는 것이 민주주의를 지키는 유일한 방법"이라고 강조하고 있기도 하다(최장집, 2003: 209). 갈등은 '민주주의의 위대한 엔진'이라는 것이다.

사회 속에서 갈등이 발생하는 또 다른 원인은 인간의 상호의존성과 복잡성 때문이다. 그러나 사회에서 발생하는 갈등의 양태나 분야가 워낙 다양하고 진행 상황도 다르기 때문에 갈등의 정의를 한마디로 명확하게 규정하기가 어려우며 학자들 간에 합의를 본 개념도 아직 존재하지 않는다(Minnery, 1985: 3). 이에 따라 갈등의 개념은 사전적인 개념 정의에 비해 훨씬 구체적이고 학문분야별, 학자별, 시대별로 다양하게 정의되어 왔다.

갈등의 개념에 대한 다양한 정의를 소개하면, 외국의 경우 갈등연구 분야의 선구자인 Coser(1956)는 갈등을 "양립이 불가능한 싸움들"이라고 하였으며, March & Simon(1958)은 "의사결정의 표준 매커니즘 장애로 인하여 개인이나 집단이 대안을 선택하는데 곤란을 겪게 되는 상황"이라고 정의하였다. 다음으로 Dahrendorf(1959)는 갈등을 "사회세력들 간의 표면상의 충돌뿐만 아니라 싸움 · 경쟁 · 논쟁 · 긴장 등을 포함하는 개념"이라고 갈등의 대상 범위를 넓게 설정하여 설명하였으며, Boulding(1962)은 "가치나 부족한 직위, 권력, 재원에 대한 요구에 대한 싸움"이라고 정의하였다. 그리고 Fink(1968)는 갈등을 "둘 혹은 그 이상의 주체가 적어도 적대적인 심리적 관계의 한 형태에 의해서, 혹은 적어도 적대적인 상호작용의 한 형태에 의해 연결된 사회적 상황 또는 과정"이라고 하였으며, Baron(1990)은 "개인 간 또는 그룹들이 Zero-sum 상황에서 관심, 이익, 신념, 이해 등이 서로 대립되는 상태들에 대해 충돌을 인식하여, 상호작용의 과정에서 좌절시키거나 시켰을 경우에 발생하는 과정이며, 또는 둘 이상의 행동주체가 다른 목표를 좌절하도록 유발하는 과정"이라고 정의하였다.

한편, 국내 연구자들의 갈등에 대한 개념 정의를 살펴보면, 강인호와 그의 동료들(2005)은 갈등을 "둘 이상 행동주체인 당사자 간 일어난 행동, 갈등 주체, 갈등당사자들의 가치나 목표에 대한 의견불일치, 갈등당사자간 동태적 상호의존적 과정"이라고 정의하였다. 다음으로 주재복과 그의 동료들(2005)

은 "복수의 갈등당사자들이 양립불가능한 목표 또는 가치를 추구하는 상황에서 표출되는 대립적인 상호작용"이라고 정의하였다. 또한 권영규(2006)는 갈등을 "정책을 둘러싸고 벌어지는 집단 간, 조직 간 대립적 상호작용"이라고 하였으며, 하혜영(2007)은 "둘 혹은 그 이상의 갈등당사자들간이 목표, 수단 혹은 가치 등의 양립불가능한 상황에서 상호작용을 할 때 발생되는 과정"이라고 정의하였다. 이에 더하여 홍성만(2008)은 갈등을 "하나의 사안을 두고 가치차이, 이해차이, 인식차이 등 차이가 있는 상황에서 행위자들이 각자의 입장에서 양립하기 어려운 목표를 추구해 나가는 과정에서 생겨나는 마찰이나 대립"이라고 정의하였다. 마지막으로 가상준과 그의 동료들(2009)은 "양립불가능한 이해, 목표, 가치 등이 대립되는 상태로 당사자 간 적대적 인식, 심리적 상태, 그리고 이에 따른 물리적 충돌"이라고 정의하였다.

위와 같은 국내·외의 갈등에 대한 개념 정의를 토대로 갈등의 개념을 정리하면 다음과 같다(임동진 외, 2011: 22). 첫째, 갈등은 개인 간, 집단 간 또는 국가 간 등 다양한 관계 속에서 다양한 유형으로 존재하고, 둘째, 갈등은 당사자들이 Zero-sum 상황에서 서로 대립되는 내용이 있고, 셋째, 당사자 간 이익들에 대해 충돌하고 있고, 넷째, 갈등은 당사자 간 동태적 상호의존적 과정이며, 다섯째, 당사자들 간의 다른 목표들을 좌절하도록 유발하는 과정이라고 할 수 있다.

갈등은?

① 개인 간, 집단 간 또는 국가 간 등 다양한 관계 속에서 다양한 유형으로 존재
② 당사자들이 Zero-sum 상황에서 서로 대립되는 내용이 존재
③ 당사자 간 이익들에 대해 충돌
④ 당사자 간 동태적 상호의존적 과정
⑤ 당사자들 간의 다른 목표들을 좌절하도록 유발하는 과정

또한 갈등의 개념에 대한 구체적인 정의는 다음과 같은 내용을 포함하고

있다(국민대통합위원회 · 한국사회갈등해소센터, 2014: 4). 첫째, 나와 상대방 간에 어떤 차이가 있음을 스스로 인지하는 것을 기본적으로 갈등이라고 할 수 있다(나와 차이가 있음을 인지). 둘째, 나와의 차이가 부정적으로 작용할 때 갈등이 발생했다고 볼 수 있다(차이의 부정적 작용). 셋째, 차이로 인해 부정적으로 영향을 미치게 되고, 그로 인해 계속해서 부정적인 감정이 나타나는 것이 갈등이다(부정적 감정 도출). 넷째, 부정적인 감정이 도출됨으로 인해서 상대방과 경쟁적이 되고, 상대방을 통제하려는 행동을 유발하게 된다(경쟁적이고 통제적인 행동 유발). 다섯째, 두 개의 서로 다른 목적을 달성하고자 하여 차이가 발생하는 것을 의미한다(두 개 이상의 결과가 상존하는 것이 불가).

갈등의 개념에 포함되는 내용은?

① 나와 차이가 있음을 인지
② 차이의 부정적 작용
③ 부정적 감정 도출
④ 경쟁적이고 통제적인 행동 유발
⑤ 두 개 이상의 결과가 상존하는 것이 불가

갈등에 대한 개념 정의를 토대로 갈등의 원인을 살펴보면 갈등은 개인과 개인 간, 또는 개인과 조직 간, 조직과 조직 간, 집단과 집단 간, 그리고 더 나아가 국가와 국가 간에 서로 얻으려 하는 이해관계가 충돌되거나 추구하는 가치관에 차이가 나타날 때 발생한다. 또한 갈등은 서로 목표하는 것이 다를 때, 사회현상에 대한 인식이나 사실에 대한 인지의 차이에서 발생하기도 한다. 조직이나 집단 및 국가의 경우 의사결정이나 한정된 자원을 확보하는 과정에서 갈등이 발생한다.

갈등과 분쟁의 차이점

① 갈등(conflict): 둘 이상의 당사자가 무제한적으로 순응하거나 양보할 수 없는 인간의 기본적 욕구를 포함하는 문제를 가지고 대립되는 입장을 가지고 있는 상태(갈등은 분쟁없이 존재가 가능: 내재된 갈등)

② 분쟁(dispute): 둘 이상의 당사자가 무제한적으로 순응하거나 양보할 수 없는 인간의 기본적 욕구를 포함하는 문제를 가지고 대립하는 상황이 표출된 상태(분쟁은 갈등없이 존재가 불가능: 표출된 갈등)

또한 갈등해결의 관점에서 갈등은 서로 양립 불가능한 이해관계나 목표가 상충된 상태를 나타낸다(대통령자문 지속가능발전위원회 편, 2005: 73). 그런데 이러한 갈등의 개념을 정의할 때 분리해서 이해해야 하는 것이 갈등과 분쟁의 관계이다. 갈등은 무제한적으로 순응하거나 양보할 수 없는 인간의 기본적 욕구를 포함하는 문제를 가지고 서로 상반된 집단이나 개인 간의 충돌을 의미한다(Burton, 1996: 21).따라서 갈등은 흔히 내재된 갈등(latent conflict)이라고 하며, 분쟁은 표출된 갈등(manifest conflict)이 된다. 따라서 갈등은 분쟁의 원인이 되는 상태(state)인 반면, 분쟁은 갈등의 결과로써 구체적으로 드러나는 사건, 행위, 과정 등이 된다(대통령자문 지속가능발전위원회 편, 2005: 74).

〈표 1-2〉 갈등에 대한 연구자별 개념 정의

연구자	갈등에 대한 개념 정의
Coser(1956)	• 양립불가능한 싸움들
March & Simon(1958)	• 의사결정의 표준 매커니즘(standard mechanism) 장애로 인하여 개인이나 집단이 대안을 선택하는 데 곤란을 겪게 되는 상황
Dahrendorf(1959)	• 사회세력들 간의 표면상의 충돌뿐만 아니라 싸움 · 경쟁 · 논쟁 · 긴장 등을 모두 포함하는 개념

Boulding(1962)	• 가치나 부족한 직위, 권력, 재원에 대한 요구에 대한 싸움
Katz & Kahn(1966)	• 모든 상호작용의 형태에서 방해, 무시, 상처 등에 대항하기 위한 저항 또는 보복 등을 하는 활동
Beals & Siege(1966)	• 개인 간이나 조직에서 예상되는 행동의 관계 단절
Marek(1966)	• 협동과정에서의 위협
Walton(1966)	• 경쟁, 지위 다툼, 흥정, 방해 행위, 악담 등의 다양한 방식으로 방해하는 과정
Pondy(1967)	• 장애상태에서 서서히 단계적으로 확대되어 가는 과정
Fink(1968)	• 둘 혹은 그 이상의 주체가 적어도 적대적인 심리적 관계의 한 형태에 의해서, 혹은 적어도 적대적인 상호작용의 한 형태에 의해 연결된 사회적 상황 또는 과정
Schmidt & Kochan(1972)	• 서로 다른 관계에서 자신의 이익을 발전시키기 위해 명백한 행동이 발생하는 산출물의 과정
Roloff(1987)	• 개인, 조직간 집단들이 서비스나 생산물을 활용하는 것에 대한 양립할 수 없는 관계에서 발생하는 행동
Baron(1990)	• 개인 간 또는 그룹들이 Zero-sum 상황에서 관심, 이익, 신념, 이해 등이 서로 대립되는 상태들에 대해 충돌을 인식하여, 상호작용의 과정에서 좌설시키거나 시켰을 경우에 발생하는 과정이며, 또는 둘 이상의 행동주체가 다른 목표를 좌절하도록 유발하는 과정
Rahim(2002)	• 양립불가능성, 의견충돌, 불화, 사회적 적대관계 등으로 상호작용할 때 나타나는 과정
Barki & Hartwick(2004)	• 목적 달성을 위해 방해와 의견충돌 등 부정적인 감정을 인식하여 당사자들이 상호작용하면서 발생하는 역동적인 과정
Hatch & Cunliff(2006)	• 둘 이상 혹은 조직의 집단 사이에서 결과나 노력 등을 방해하거나 그것을 좌절시키려는 행동을 인식하여 발생하는 싸움
강인호 외(2005)	• 둘 이상 행동주체인 당사자간 일어난 행동, 갈등주체, 갈등당사자들의 가치나 목표에 대한 의견불일치, 갈등당사자간 동태적 상호의존적 과정

주재복 외(2005)	• 복수의 갈등당사자들의 양립불가능 한 목표 또는 가치를 추구하는 상황에서 표출되는 대립적인 상호작용
황기연 외(2005)	• 개인, 집단, 조직 내부 또는 이들 상호간에 나타나는 대립적 상호작용으로서 희소자원을 획득하기 위한 다양한 경쟁적 집단 사이의 투쟁
권영규(2006)	• 정책을 둘러싸고 벌어지는 집단간-조직간 대립적 상호작용
하혜영(2007)	• 둘 혹은 그 이상의 갈등당사자간들이 목표, 수단 혹은 가치 등의 양립불가능한 상황에서 상호작용을 할 때 방생되는 과정
홍성만(2008)	• 하나의 사안을 두고 가치차이, 이해차이, 인식차이 등, 차이가 있는 상황에서 행위자들이 각자의 입장에서 양립하기 어려운 목표를 추구해 나가는 과정에서 생겨나는 마찰이나 대립
가상준 외(2009)	• 양립 불가능한 이해, 목표, 가치 등이 대립되는 상태로 당사자 간 적대적 인식, 심리적 상태, 그리고 이에 따른 물리적 충돌의 과정
갈등의 공통개념	① 개인 간, 집단 간, 국가 간 등에서 다양하게 존재 ② 갈등당사자들이 Zero-sum 상황에서 서로 대립되는 갈등내용이 있음 ③ 이익들에 대해 충돌하고 있다는 것을 인식해야만 함 ④ 갈등당사자간 동태적 상호의존적 과정 ⑤ 갈등당사자들 간의 다른 목표들을 좌정하도록 유발하는 과정

2. 갈등의 특성

사회가 복잡하고 인간 개개인의 속성이 다양한 것처럼 갈등도 매우 다차원적(multi-dimensional)이고 역동적인 모습을 나타낸다. 따라서 갈등의 특성도 갈등 상황을 동태적 과정(dynamic process)으로 간주하여 파악해야 한다(Minnery, 1985: 5). 갈등에 대한 다양한 정의를 종합하여 갈등의 특성을 설명하면 다음과 같다(천대윤, 2005: 31-37; 나태준, 2004: 13-14).

첫째, 갈등은 행위 주체적 측면에서 볼 때 그것이 심리적 갈등이든 사회적 갈등이든 관계없이 둘 이상의 행위 주체가 존재한다. 심리적 갈등의 경우에도 본능적 자아와 현실적 자아 사이 또는 현실적 자아와 도덕적 자아라는 둘 이상의 당사자가 존재하는 것이다. 욕구 측면에서 볼 때 갈등은 사회적 관계 형성에 따른 사회생활의 산물이며 둘 이상의 상호의존적 관계를 형성하고 있는 당사자가 있어야만 발생할 수 있는 현상이다(최해진, 2004: 28).

둘째, 갈등은 상호의존성이 전제되고 있다. 갈등이 있다는 것은 그것이 집단이든 조직이든 갈등 당사자가 상호의존적인 관계에 있으면서 상호 간에 서로 어떤 형태로든 영향력을 주고받는 작용을 하고 있다는 의미이다. 이는 갈등은 상호의존 또는 상호작용이 불가피한 주체 사이에서 발생하게 된다는 것이며, 활동을 하기 위해서 기능상으로 상호의존하지 않을 수 없다는 것과 희소한 자원을 공동으로 사용하기 위해서 상호의존하지 않을 수 없다는 것을 포함한다(Pondy, 1967). 이러한 상호의존성은 주체가 서로 떨어져 있다면 갈등이 발생하지 않을 것이 서로 접촉하여 작용하고 있기 때문에 갈등이 발생한다는 것이다. 즉 서로 아무 관계가 없거나 시간적으로나 장소적으로 떨어져 있으면 갈등은 발생하지 않는다. 따라서 갈등을 제거하기 위한 최선의 방법은 서로 관련성을 가지지 않도록 하는 것이다. 결국 상호의존성 때문에 갈등이 발생할 경우의 해법은 당사자들을 서로 분리시켜 놓는 것이다.

셋째, 갈등의 구성요소로서 커뮤니케이션이 내재하고 있다. 갈등은 두 사람, 집단, 조직, 국가 등에서 최소한 둘 이상의 주체가 갈등 당사자가 되기 때문에 이들 당사자들 사이에는 커뮤니케이션이 이미 존재하고 있다는 것을 전제로 한다. 왜냐하면 갈등이 발생했다는 것은 상호작용하는 당사자 사이에 커뮤니케이션 문제가 발생했다는 것을 의미하기 때문이다. 그런데 일반적으로 커뮤니케이션으로 인해 갈등이 발생할 수도 있고 또 다른 측면에서 커뮤니케이션을 통해 갈등을 해결할 수도 있다는 양면성이 있다. 그러므로 전달되는 정보의 내용, 형태, 방법 등에 대해서 관리자와 경영자는 세심한 주의를 기울여서 갈등이 야기되지 않도록 해야 하며 발생한 갈등은 합리적인 커뮤니케이션 채널을 활용하여 긍정적인 갈등이 되도록 하거나 갈등을 제거하도록 해야 한다(최해진, 2004: 29).

넷째, 갈등은 심리적, 행동적, 감각적 요소의 복합이다. 일반적으로 갈등이 발생하기 위해서는 심리적 갈등을 거쳐 행동으로 나타나게 된다. 즉 갈등은 외부로 나타나는 표면화되는 대립적 행동(농성, 시위, 항의방문 등)만을 지칭하는 것이 아니라 표출되지 않더라도 당사자들이 갈등 상황을 지각하고 긴장과 불안, 적대감을 느끼기 시작하면 벌써 갈등이 존재한다고 보아야 한다(Pondy, 1967). 갈등은 심리적 요소와 행동적 요소가 복합적으로 작용하는 동태적 과정인 것이다(유종해, 2000). 또한 갈등은 감각적 요소의 특성을 지니고 있다. 이는 갈등은 인지 또는 지각되거나 느껴야 한다는 것이다(Pondy, 1967). 즉 갈등은 갈등을 겪는 당사자가 그 갈등을 인지하거나 지각하거나 느껴야 발생한다는 것이다.

다섯째, 갈등은 강도(强度)가 다양하다. 갈등과정에서 발생하는 대립적 행동은 의문이나 이견과 같은 그 정도가 미미한 것에서부터 상대방의 파괴라는 것까지 다양하다(유종해, 2000). 개인의 수준에서도 스트레스 갈등단계에서부터 타인에 대한 공격이나 자살이라는 결과를 가져올 수 있다. 또한 집단 내부의 개인갈등이 집단 전체로 확산되고 그것이 집단 외부로 표출될 수 있으며, 그것이 다시 지역사회 및 사회 전역으로 확산되는 사회갈등으로 확대될 수 있다. 따라서 갈등은 개인 차원에서 시작된 것이라도 그것들이 모여 집단화 되고 조직화되어 사회차원으로 확산될 수 있다.

여섯째, 갈등은 동태성을 띠고 있다. 이는 갈등이 정태적이고 안정적인 것이 아니라 동태적이고 상호작용의 성질을 가진 것이어서 작은 갈등이 큰 갈등으로 변화할 수 있다는 의미이다. 또한 갈등이 또 다른 갈등을 낳을 수 있으며, 개인에 국한 된 성질의 갈등이 개인들 사이로 번질 수 있고, 더 나아가 집단 및 사회 전체로 확대될 수 있다. 따라서 갈등관리도 동태적이어야 한다.

갈등의 특성

① 갈등은 행위 주체적 측면에서 둘 이상의 행위 주체가 존재
② 갈등은 상호의존성이 전제
③ 갈등의 구성요소로 커뮤니케이션이 내재
④ 갈등은 심리적, 행동적, 감각적 요소의 복합
⑤ 갈등은 강도가 다양
⑥ 갈등은 동태적 성질을 지님

3. 갈등의 원인

일반적으로 갈등의 원인 또는 원천은 주어진 사회의 사회적 욕구가 어떻게 표출되느냐와 밀접한 관계를 가진다. 그리고 사회적 욕구를 규정하는 요소는 다시 주어진 사회체제의 구조적 차원과 역사적 맥락, 정서적 차원 및 문화적 가치, 사회행위자 간의 상호작용과 의사소통 등으로 세분화할 수 있다. 사회적 분화가 발달되어 구성원의 역할과 기능의 분배가 어느 정도 안정적으로 이루어진 사회에서는 갈등이 사전에 조율될 가능성이 높다. 그러나 사회적 분화가 미발달되고 역할과 기능에 따른 사회적 책임이 확립되어 있지 않을 경우 갈등은 여러 형태로 나타날 수 있다. 이에 더하여 역사적 맥락에서 보면, 갈등은 희소가치를 갖는 사회적 자원에 대한 경쟁, 사회제도의 구조 및 계층간의 불가피한 투쟁 또는 인간의 기본적 본능으로부터 발생한다(지속가능발전위원회, 2004: 4). 이러한 갈등의 배경을 그림으로 표현하면 〈그림 1-2〉와 같다. 갈등의 원인에 대한 이론은 크게 세 가지로 분류하여 설명할 수 있다.

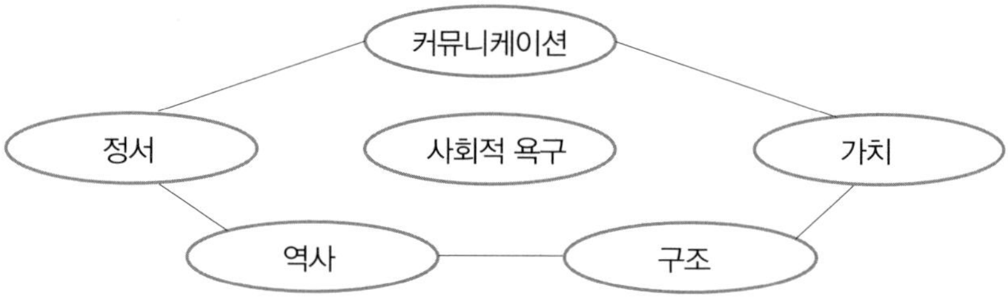

자료: 대통령자문 지속가능발전위원회(2004: 4).

〈그림 1-2〉 갈등의 원천

첫째, 맑스(Karl Marx)의 계급이론은 자본과 임금노동과의 관계가 어떻게 악화되었는가를 경제학적 방법으로 접근하고 변혁적인 관점에서 갈등을 해결하고자 하였다. 특히 맑스는 계급과 계급갈등에 많은 관심을 가졌으며, 『공산당 선언』에서는 자본주의가 등장하기 이전의 사회에서도 서로 다른 지위집단들 사이의 투쟁이 벌어졌다고 보았다. 부르주아 시대는 사회를 부르주아지(bourgeoisie)와 프롤레타리아(proletariat) 두 개의 집단으로 분리하면서, 특히 생산수단의 소유관계가 계급위치를 규정한다고 하였다. 그리고 맑스는 자본주의 사회의 계급들이 양극화(polarization)되고, 중간계급도 양극화가 이루어지고 있다고 주장하였다. 맑스는 이렇게 양극화된 계급들 사이의 계급투쟁이 불가피하다고 역설하면서 "계급투쟁은 역사발전의 원동력"이라고 주장하였다.

둘째, 베버(Max Weber)와 다렌도르프(Ralf Dahrendorf) 등의 권한이론은 맑스의 소유에 따른 계급개념을 부정하고 권한관계에 의한 명령자와 복종자 사이의 갈등을 제시하면서 다원성과 다양성을 강조하고 있다. 먼저, 베버는 한 인간이 다른 인간을 지배하는 현상에 주목하면서 '지배'를 '일정 조직 또는 사회 내부에서 명령에 복종할 가능성'으로 정의하였다. 그리고 베버는 계급, 지위, 정당이 불평등을 만든다고 보면서 계급이 다양한 불평등의 원인 가운데 하나에 불과하다고 보았다. 베버는 계급의 종류에는 경제적 계급 이외에도 교육(지위), 정당, 종교, 남녀의 차이가 여러 가지 불평등을 만든다고 주장하였는데, 베버가 주장하는 여러 종류의 불평등이 결국 갈등의 원인이 되고 있음을 알 수 있다.

한편, 다렌도르프는 사회에 갈등과 합의가 존재하며, 사회학 이론은 갈등이론과 합의이론 두 가지 이론으로 구분해야 한다고 보았다. 그는 사회는 갈등과 합의 양자 없이 존재할 수 없고, 이 둘은 서로에 대한 필요조건이라고 강조하였다. 또한 다렌도르프는 사회 내 지위는 다른 지위에 대한 권력과 권위가 위임되어 있으며, 권위의 차별적 분배는 '변함없이, 조직적 사회갈등의 결정적 요인'이 된다고 주장하였다(Dahrendorf, 1959: 165).

셋째, 코저의 기능이론(Coser, 1956)은 갈등의 기능적 측면을 강조하면서 갈등이 느슨하게 구조화된 집단을 결속시키는 역할을 수행하고, 사회에너지를 활성화하는 등 사회발전을 촉진한다고 주장하였다. 또한 이들은 한 사회와 다른 사회의 갈등은 통합적 중심을 회복하기도 하는데 전쟁을 겪는 국가의 단결력이 하나의 예라고 할 수 있다. 이에 더하여 갈등은 의사소통 기능을 수행하며, 당사자들의 힘에 대해 잘 알게 하고 평화적 화해의 가능성을 높일 수 있다.

한편, 갈등의 배경에는 일반적으로 차이, 욕구(needs), 지각(perceptions), 가치(value)가 중요하게 작용하는 것으로 알려져 있다(박태순, 2010: 16-17).

첫째, '차이'(difference)는 빈부의 차이, 성별의 차이, 종교의 차이, 세대 간의 차이, 정규직과 비정규직 간의 차이 등 사회구성원 서로 간 다른 것을 말한다. 그런데 이러한 차이 자체가 곧바로 갈등을 일으키는 것은 아니지만 사람들은 이러한 차이가 정당하고 합리적이라고 느끼지 않을 경우 차이를 수용하기 어렵게 된다. 이럴 때 사람들은 차이를 '차별'(discrimination)이라고 여기게 된다. 이처럼 차이가 정당하지 않은 근거에 의해 차별화될 때 갈등이 발생하게 된다.

차별(discrimination)이란?

원래는 '차등을 두는 구별'을 의미하는 용어이지만 실제는 비판적 의미가 가미되어 어떤 집단(인종, 민족, 생활양식, 국적, 성별, 언어, 종교, 사상 등)을 희생으로 하면서 사회생활 속에서 이루어지는 차별대우를 가리킨다. 구체적으로는 차별 받는 측이 차별하는 측으로부터 멸시나 가학(加虐) 등에 의해 불평등, 불이익한 취급을 받고 인권을 침해당하는 것을 말한다. 본래 대등한 인간으로서 당연히 가질 수 있는 사회적인 권리를 다수파 집단이나 권력집단이 비합법적으로, 때로는 합법적인 근거로 박탈함으로써 차별이 이루어진다(정치학대사전편찬위원회, 2002).

둘째, '욕구'(needs)는 어떠한 부족함을 생리적, 심리적으로 충족시키려는 정신작용을 말하는데, 음식물 섭취, 수면, 성욕 등과 같이 생명을 유지하고 종족을 보전하기 위한 선천적인 것과 안전에 대한 욕구, 자존심, 성취욕, 소속감 등과 같이 후천적인 경험을 통해 심리적으로 각인된 것이 있다. 이러한 욕구는 인간 생존과 생활에 필수적인 요소로서 사회적으로 형성된 바람을 뜻하는 '욕망'(desire)과는 차이가 있다. 갈등은 종종 욕구의 결핍에 의해 발생하게 된다.

욕구(needs)란

미국의 심리학자 매슬로(Abraham Harold Maslow)는 인간에 대한 염세적이고 부정적이며 한정된 개념을 부정한 인본주의 심리학을 근거로 욕구단계설을 주장하였다. 그의 주장에 따르면 인간행동은 각자의 필요와 욕구에 바탕을 둔 동기(motive)에 의해 유발되고, 이러한 인간의 동기에는 위계가 있어서 각 욕구는 하위 단계의 욕구들이 어느 정도 충족되었을 때 비로소 지배적인 욕구로 등장하게 되며 점차 상위욕구로 나아간다고 보았다. 5단계의 욕구 중 생리적 욕구는 가장 하위에 있으며 가장 강하다. 이것이 만족되지 않을 때는 다른 어떠한 비생리적인 욕구가 있어도 그것을 만족하는 것이 선결 과제가 된다. 그리고 하위에 있는 욕구가 만족되면 그것보다 상위의 욕구가 나타나게 된다. 그리고 인간의 인격적으로 완성된 최고위의 자아실현 욕구는 다른 욕구가 모두 만족되지 않는 한 나타나지 않는다(신현기 외, 2012; 정치학대사전편찬위원회, 2002).

셋째, '지각'(perceptions)은 감각기관을 통해 외부의 사물이나 자극을 의식하는 과정, 혹은 방식을 의미하며, 우리의 의식을 형성하는 기초가 되는 것이

〈그림 1-3〉 매슬로우의 욕구 5단계(Hierarchy of Needs)

다. 사물을 받아들이는 과정과 방식은 사람의 신체적 특징, 경험, 학습 등에 의해 영향을 받게 된다. 같은 상황에서도 사람마다 지각은 다를 수 있으며, 같은 공간에서 같은 사람을 보고도 서로 다른 것을 느낄 수 있다. 이러한 지각의 차이가 갈등의 원인이 될 수 있다.

넷째, '가치'(value)는 사물이 가지고 있는 쓸모인데, 철학적으로는 대상이 인간과의 관계에 의하여 지니게 되는 중요성, 그리고 인간의 욕구나 관심의 대상 또는 목표가 되는 진, 선, 미 따위를 통틀어 이르는 말이다. 따라서 가치는 인식과 관계가 있는데, 이는 인식이 논리적으로 정형화 · 체계화되어서 세계나 인간을 보는 일정한 틀이 형성되어 있을 경우를 가치라고 부르기 때문이다. 이러한 가치의 차이가 발생할 때 갈등이 발생할 수 있다.

위에서 설명한 갈등의 배경들에서 나타나는 공통점은 인간을 구성하는 요소라는 것이다. 그러나 차이, 욕구, 지각, 가치 자체가 갈등을 일으키는 것은 아니다. 이러한 요소들이 제대로 해소되지 않을 때 또는 상호 충돌할 때 갈등이 발생하게 되는 것이다.

4. 갈등의 단계

갈등이 발생하면 사람의 일생처럼 비슷한 주기를 거치면서 진행된다. 이에 대해 Pruitt and Rubin(1986)은 갈등의 주기를 시간의 흐름에 따라 갈등의 발생, 갈등의 증폭(확대), 갈등의 교착, 갈등의 완화, 갈등의 해소단계로 구분하였다. 갈등의 진행 단계가 갈등이 발생한 이후에 증가(증폭, 심화, 확대)하는 시기를 지나 감소(완화)하여 해소(해결, 종결, 소멸)되는 것이다.

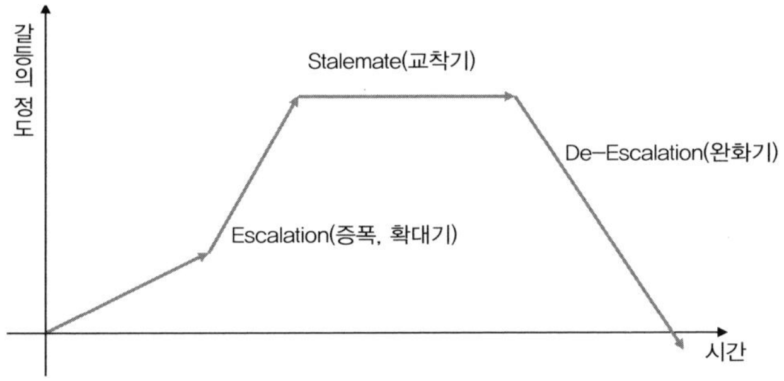

자료: Pruitt and Rubin(1986).

〈그림 1-4〉 갈등의 진행과정

〈그림 1-4〉를 보면 갈등이 발생한 이후 초기에는 갈등의 정도가 크지 않고 천천히 진행되다가 어떠한 계기(변곡점)가 작용하여 갈등이 증폭된다. 그리고 또 다른 변곡점으로 인하여 갈등이 더 이상 증폭되지 않고 교착상태에 있다가 점점 완화되기 시작한다. 마지막으로 다양한 갈등해결 수단에 의해 갈등이 해소되는데, 특정한 갈등은 완화, 또는 해소기에 종종 다시 증폭되어 갈등의 주기가 반복되기도 한다. 〈표 1-3〉은 갈등의 진행 과정에서 나타나는 갈등의 증폭, 교착, 완화의 원인을 정리한 것이다.

〈표 1-3〉 갈등의 진행 과정에 따른 원인

증폭	교착	완화
• 흑백논리가 뚜렷하고, 승리에 자신 있을 때 • 보다 확실한 증거를 확보했을 때	• 더 이상 사용할 협상기술이나 대안이 부재할 때 • 사회나 주위의 지지를 받지 못할 때	• 상대가 계속 무반응을 보일 때 • 상대가 무조건 양보할 때
• 정보가 왜곡되어 자신에게 유리한 것만 입수했을 때 • 자기에게 유리한 정보만 선택했을 때 • 자기 논리에 갇혔을 때	• 더 이상 자신의 논리를 증명할 수 없을 때 • 더 싸울 의사를 잃었을 때	• 상대로부터 얻을 것이 없거나 상대가 너무 완강할 때, 본인이 스스로 무관심하여지거나 회피할 경우 • 중재과정에 접어들 때

자료: 국민대통합위원회 · 한국사회갈등해소센터(2014: 6) 재구성

갈등의 단계를 좀 더 세밀하게 분류하면, 〈그림 1-5〉와 같이 ① 갈등 잠복기, ② 갈등 출현기, ③ 갈등 심화기, ④ 갈등 교착기, ⑤ 갈등 완화기, ⑥ 갈등 해소기, ⑦ 평화 정착기로 구분할 수 있다(박태순, 2010: 52-64).

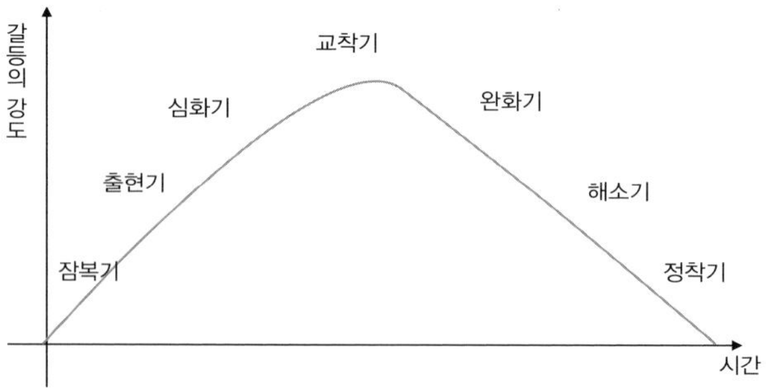

자료: 박태순(2010: 49).

〈그림 1-5〉 갈등의 강도와 시간에 따른 각 단계

1) 갈등 잠복기

첫 번째 단계인 갈등 잠복기는 갈등이 표출되지는 않았지만 마치 휴화산

같은 상태, 즉 갈등이 발생할 수 있는 가능성이 존재하는 상태를 말한다. 갈등이 잠복하는 주요 요인으로는 인간적인 소외, 차이나 차별, 다양한 종류의 불평등, 불만, 역사적인 경험 등과 갈등 발생의 가능성, 인식, 가치 욕구의 문제 등이 있다.

그런데 잠재되어 있는 갈등은 밖으로 표출될 수도 있고 그 상태에서 해소될 수도 있다. 따라서 갈등 잠복기의 잠재적 발생 요인에 대한 처방으로는 사회적으로 불만이 누적되지 않도록 하는 것이 매우 중요하다. 즉 사회 경제적인 갈등 발생의 근원적인 요인들을 해소하기 위해 노력해야 한다. 구체적으로 차이나 차별 또는 불평등이나 공평하지 않는 것들로 인해 불만이 생기고 분노가 형성되어 누적되지 않도록 하는 것이 중요하다. 이를 위해 사회적 불평등이 형성되지 않도록 해야 하며 사회적으로 소외된 사람이 없도록 노력해야 한다. 개인적인 차원에서도 서운한 마음이 생기거나 소외감이 들지 않도록 해야 한다.

2) 갈등 출현기

두 번째 단계인 갈등 출현기는 잠재되어 있던 갈등이 행동으로 표출되는 것을 말한다. 갈등이 표출되는 것은 어떤 사건이 계기가 될 수도 있으며 자연발생적으로 표출될 수도 있다. 2016년에 발생한 '대통령 탄핵요구 촛불시위'의 경우 JTBC 뉴스룸의 '태블릿 PC' 내용 보도가 결정적 계기로 작용하였다.

3) 갈등 심화기

세 번째 단계인 갈등 심화기는 갈등의 강도가 굉장히 빠른 속도로 커지면서 갈등에 사용하는 여러 가지 방법, 즉 상대를 대하는 방법 등이 이전하고는 많이 달라지고 심각해진 상태로 진전되는 것을 말한다. 갈등 심화는 갈등 당사자들이 의도적으로 그렇게 할 수도 있고, 의도하지 않게 갈등 당사자들조차도 통제할 수 없는 상황에서 일어날 수도 있다. 의도적으로 갈등을 심화시키는 방법에는 상대방에 대한 폭행, 소송 제기, 물리적 강제력을 동원한 진압, 일방적인 정책추진 등이 있다.

그런데 중요한 것은 특정 갈등 당사자 또는 집단이 주의를 끌고 이목을 집중시켜 자신의 주도권을 확보하고 더욱 유리한 상태로 자신을 변화시키기 위해 갈등을 의도적으로 심화시키는 경우가 있다는 것이다. 갈등이 심화되면 집단 내부의 응집력이 강해지고 투쟁을 이끄는 리더가 리더십을 획득하게 된다. 현실적으로 갈등을 의도적으로 심화시키는 경우는 매우 드물지만 정치인들이 이러한 행동을 할 가능성이 제일 크다고 할 수 있다.

한편 갈등이 심화되는 과정에서 나타나는 변화를 간략하게 살펴보면 다음과 같다(Pruitt et. al., 1994). 첫째, 가벼운 전술에서 무거운 전술로 옮겨진다. 대화를 하다가 연좌, 시위, 농성을 하기도 하며, 욕설이 오가고 때때로 폭행이 발생하기도 한다. 개인적으로도 그렇지만 집단적으로 이러한 양상은 분명히 나타난다.

둘째, 갈등의 쟁점이 증가한다. 예를 들어 제주해군기지 건설 갈등이나 밀양 765kV 송전탑 건설 갈등 등의 경우 갈등이 진행되는 과정에서 환경문제에 더하여 인권문제나 이념문제 등 다른 쟁점이 추가되어 갈등해결에 걸림돌로 작용하기도 하였다.

셋째, 쟁점은 특별한 것에서 일반적인 것으로 변화된다. 대표적인 것이 갈등을 야기한 '문제'로부터 '사람'으로 공격 대상이 바뀌는 것이다. 특히 쟁점의 수가 갈등을 발생시킨 사안으로부터 점점 증가하면서 보편화되는데, 그 사람에 대한 문제로 보편화되고 그 사람에 대한 일반화로 변질된다.

넷째, 갈등 참여 당사자 수가 증가한다. 특히 갈등의 쟁점이 증가하고 사안의 존재성이 커질수록 사안에 관심 있고 이해관계가 있는 사람들이 참여하게 되는 것이다.

다섯째, 갈등을 통해 얻고자 하는 목표가 변경된다. 처음에는 경제적 이익을 얻고자 문제제기를 했다가 갈등이 심화되면서 상대방을 비난하거나 공격하고 제압하기 위한 것으로 변질되기도 한다.

갈등의 심화 과정에서 나타나는 변화

① 가벼운 전술에서 무거운 전술로 변화
② 갈등의 쟁점이 증가
③ 쟁점이 특별한 것에서 일반적인 것을 변화
④ 갈등 참여 당사자 수의 증가
⑤ 갈등을 통해 얻고자 하는 목표가 변경

그런데 갈등이 심화되면서 '선택적 지각'(selective perception)이라는 현상이 나타난다. 외부 정보를 객관적으로 받아들이는 대신 기존 인지체계와 일치하지 않거나 자기에게 유리한 것만 선택적으로 받아들이는 것이다. 이는 상대방이 하는 일체의 행동은 악으로 규정하고 의도가 있는 것이고 나를 공격하기 위한 수순으로 생각할 뿐이지 상대방이 하는 행동의 실체에 관해서는 관심이 없는, '자기충족적 예언'(self-fulfilling prophecy)에 빠지게 된다. 이렇게 되면 자기에게 필요한 것만 선택해서 보고 부정적인 고정관념만 유지하게 된다.

선택적 지각(selective perception)이란?

외부 정보를 객관적으로 받아들이는 대신 기존 인지체계와 일치하거나 자기에게 유리한 것만 선택적으로 받아들이는 현상

〈비슷한 개념: 칵테일 파티 효과(cocktail party effect)〉

칵테일 파티 효과(cocktail party effect)는 파티의 참석자들이 시끄러운 주변 소음이 있는 방에 있음에도 불구하고 대화자와의 이야기를 선택적으로 집중하여 잘 받아들이는 현상에서 유래하였다. 이와 같이 주변 환경에 개의치 않고 자신에게 의미 있는 정보만을 선택적으로 받아들이는 것을 '선택적 지각(selective perception)' 또는 '선택적 주의'라고 한다 하는데, 이런 선택적 지각이나 주의가 나타나는 심리적 현상을 일컫는다. '자기 관련 효과(self-referential effect)', '연회장 효과, 잔치집 효과'라고도 한다.

4) 갈등 교착기

네 번째 단계인 갈등 교착기는 갈등이 최고조에 이르러서 어느 누구도 물러 설 수도 앞으로 나갈 수도 없는 상태를 말한다. 이 단계에서는 아무런 외부효과도 없이 엄청난 비용만 낭비하며 상황변화가 더 이상 일어나지 않은 채 긴장상태가 최고조에 이르게 된다.

교착상태에서는 상황변화를 이끌 수 있는 에너지를 동원할 수 있는 능력, 긴장을 견딜 수 있는 능력, 이에 더하여 그러한 에너지를 동원할 수 있는 지도자의 능력이 매우 중요하다. 그런데 많은 에너지를 쏟아 부었음에도 불구하고 특별한 성과나 결과물이 나타나지 않은 상황에서 장기간에 걸쳐 과도한 에너지를 사용하여 그 긴장을 지속하기는 어렵다. 그러면 내부에서 새로운 변화에 대한 욕구가 발생하게 된다. 이후 변화에 대한 요구로 인하여 기존의 리더십에 대한 비판이 시작되고 새로운 문제해결에 대한 요구가 증가하게 된다.

5) 갈등 완화기

다섯 번째 단계인 갈등 완화기는 문제해결에 대한 동력이 모여 갈등이 교착상태에서 벗어나서 강도가 약화되는 시점을 말한다. 갈등의 완화는 누군가의 우선적인 노력, 태도 변화, 발상의 전환이 수반되어야 한다. 즉 인위적인 노력을 통해 이루어지는 과정이다. 구체적으로 갈등은 저절로 완화되기보다는 도대체 이렇게 해서는 안 되겠다는 자기성찰, 현실에 대한 반성을 토대로 인위적인 노력을 시도하는 사람에 의해 완화된다.

6) 갈등 해소기

여섯 번째 단계인 갈등 해소기는 갈등이 아주 궁극적인 것, 근원적인 원인까지 제거되지는 않았지만 겉으로 볼 때 분쟁이 끝난 상태를 말한다. 다툼이 그친 상태라고 할 수 있다. 이 단계 역시 자연적인 과정이 아니라 인위적인 과정을 통해 이루어진다. 그리고 이 갈등 해소(settlement)기가 '해결'(resolution) 과정으로 넘어가기 위해서는 문제해결뿐만 아니라 화해와 용서라고 하는 관계의 질적인 변화가 일어나야 한다. 갈등과정에서 서로를 향하던 적대적 감정을 내려놓고 상대에 대해서 가졌던 불만과 분노가 사라져 상대의 처지와 상황을 수용할 수 있을 정도가 되어야만 진정한 의미의 갈등해결이라고 할 수 있다.

7) 평화 정착기

마지막 일곱 번째 단계인 평화 정착기는 갈등 해소 기간이 오랫동안 지속되면서 실제로 같이 약속하고 같이 문제를 해결하기 위한 노력이 서로에게 확인이 되고 갈등해결을 위한 노력이 실천되는 단계를 말한다. 평화가 정착된다는 것은 단지 문제만 해결된다고 해서, 또 관계가 단기적으로 회복된다고 해서 이루지는 것은 아니다. 평화가 정착되기 위해서는 갈등해결을 위한 오랜 노력과 그 속에서 형성된 상호간의 신뢰가 바탕이 되어야만 한다.

5. 갈등의 기능

갈등은 사회의 Peacemaker인가, Troublemaker인가? 갈등을 바라보는 시각은 다양하다. 그리고 의사가 정확하게 병을 진단해서 올바른 처방을 해야 환자가 빠르게 회복할 수 있는 것과 마찬가지로 갈등을 어떻게 생각하느냐 하는 갈등에 대한 인식은 그 원인을 진단하고 해결 방안을 모색하는 데 중요한 요인이 되기도 한다.

갈등을 바라보는 시각은 시대 및 사회 상황에 따라 다르게 나타난다. 계급사회, 권위주의 사회, 획일주의 사회는 갈등의 부정적인 측면을 주로 강조하였다. 갈등을 병적인 상태로 보고 그 원인과 처방을 연구하였다. 따라서 갈등은 질서를 어지럽히고 사회를 혼란에 빠뜨리는 나쁜 것으로 폄하하였고 대중들에게도 그렇게 교육하였다. 특히 계급사회나 권위주의 사회에서는 갈등이라는 용어보다 '소요(騷擾)'라는 말을 더 많이 사용하였다. 이러한 의미 속에는 '갈등은 부정적인 것이므로 빨리 없애는 것이 좋다'는 인식을 담고 있으며, 이 인식의 주체는 주로 강자, 권력자 측이었다.

소요(騷擾)란?

형법(115조)에서는 '소요'를 "다중이 집합하여 폭행, 협박 또는 손괴의 행위"라고 규정하였으며, 국어사전에는 법률용어로서 '소요'를 "여러 사람이 모여 폭행이나 협박 또는 파괴 행위를 함으로써 공공질서를 문란하게 함. 또는 그런 행위"라고 정의하고 있다.

이와는 반대로 다원주의 사회에서는 갈등의 긍정적인 측면을 주로 강조하고 있다. 갈등을 당연한 것으로 받아들이고 갈등과 관련된 의식적 또는 무의식적 행태를 연구하려 하고 있다. 특히 이러한 시각에서는 사회는 갈등을 통해 발전하는 것이고 갈등 없이 사회 문제는 해결되지 않는다는 생각하였다. 즉 기존의 질서를 타파하기 위해서는 이와 대립하고 갈등하는 것이 불가피하다는 것이다.

이처럼 갈등을 이해하는 데 있어서는 갈등의 순기능적 요소에 초점을 맞춘 이해와 역기능적 요소에 초점을 맞춘 이해가 대립하고 있다. 갈등이 역사의 변화와 발전을 위해서는 필연적으로 등장할 수밖에 없는 에너지로 해석되기도 하지만, 갈등은 사회적 화합과 평온을 깨뜨리는 부조화의 상징처럼 이해되기도 하는 것이다. 〈표 1-4〉는 이러한 갈등의 순기능과 역기능을 요약해서 설명한 내용이다.

〈표 1-4〉 갈등의 순기능과 역기능

구 분	갈등의 순기능	갈등의 역기능
갈등에 대한 관점	• 갈등은 역사 변동의 원동력 • 갈등이 없는 사회는 죽은 사회, 발전 가능성이 없는 사회 • 갈등은 억압되고 누적된 분노와 불만이 표출된 것 • 사회발전은 갈등의 표출과 대립을 통해 이루어짐	• 갈등은 역사의 산물 • 갈등은 분열과 혼란을 초래하고 법과 질서를 해칠 위험을 내포 • 갈등의 분출을 효과적으로 통제, 관리함으로써 사회질서를 유지 • 공권력이나 법을 통한 갈등 관리가 필요
갈등의 기능	• 사회발전/통합을 위한 구조적 필연성 등 갈등의 순기능 강조	• 평형상태의 상실과 부조화 등 갈등의 역기능 강조
갈등해소 방법	• 갈등은 합리적이고 공정한 과정을 통해 해결 및 변화 가능	• 갈등은 제도적, 권위적, 강압적 방법으로 관리, 통제, 해소 가능
초점	• 절차와 상호작용	• 법과 질서
건강한 사회에 대한 인식	• 갈등이 평화적/건설적 동력으로 전환되는 제도와 문화가 있는 사회	• 갈등이 없거나 가시적 갈등이 나타나지 않는 사회가 '안정된 사회'

자료: 대통령자문 지속가능발전위원회(2005: 75); 박태순(2010: 31) 참조 재구성.

1) 갈등의 순기능

갈등의 순기능을 강조하는 긍정적 입장에서는 갈등이 표출되는 것은 극히 자연스럽고 불가피한 것이며 조직에 활력을 불어넣어 주고 생산성을 높여줄 수 있다고 이해한다. 특히 갈등 없이는 사회 발전이나 변화가 거의 불가능하며 개인이나 조직에 긍정적인 역할을 수행한다고 강조한다.

그런데 갈등이 역사변동과 사회변화의 원동력이 되기 위해서는 갈등 에너지를 어느 통로와 방법으로 전환시키느냐가 매우 중요하다. 마르크스의 갈등이론은 구조적 문제를 풀어가기 위해 체제부정적이고 혁명적인 해결방식을 선택한다. 그러나 이러한 방식의 문제점을 지적한 사회학자들은 갈등 에너지의 폭력적 전환을 예방하고 평화적 해결방법을 지향하는 사회적 합의 도출에 초점을 맞춘다. 이는 갈등이 사회체계가 역동적으로 발전하는 데 촉매제 역할을 한다는 점에서 합리적이고 공정한 과정이 보장된다면 갈등은 얼마든지 사회분열이 아니라 통합을 이끌어낼 수 있는 힘이 있다고 보기 때문이다.

이처럼 갈등을 긍정적인 시각에서 바라보는 관점의 전제는 갈등 자체는 결국 중립적이기 때문에 건설적이고 비폭력적인 방법과 과정을 통해 갈등이 긍정적 에너지로 전환되는 시스템과 문화가 있는 사회가 건강한 사회라는 인식이다(대통령자문 지속가능발전위원회(2005: 75).

2) 갈등의 역기능

갈등의 역기능을 강조하는 부정적 입장에서는 갈등은 분열과 혼란을 초래하고 법과 질서를 해칠 위험을 늘 내포하고 있다고 이해한다. 또한 갈등은 조직에 해악을 가져다주고 생산성을 저해하는 등 언제나 조직에 역기능, 병리적인 결과를 초래하기 때문에 제거되어야 한다고 강조한다.

따라서 갈등이 분출되는 것을 효과적으로 통제하거나 관리함으로써 사회질서를 확립해 나갈 수 있다고 보기 때문에 공권력이나 법적, 제도적 관리 제도들이 주요한 갈등대응 메커니즘으로 활용되어야 한다고 보고 있다. 특히 수직적 변화가 심하지 않는 사회를 지향하게 되고 가시적인 갈등상황이 잘 드러나지 않는 사회가 '안정된' 사회라고 믿는다(대통령자문 지속가능발전위원회(2005: 74-75).

6. 갈등의 종류

사회현상에 있어 '원인이 없는 결과가 없다(突不燃不生煙)'는 말이 있듯이 모든 갈등에는 나름대로의 역사와 배경이 있다. 그리고 자연계의 생명체처럼 생성, 발전(성장), 소멸의 시기를 거치게 된다. 그렇지만 갈등이 생성하고 소멸하는 과정에는 많은 원인과 관계의 상호작용이 복잡하게 나타나기 때문에 동일한 주기를 갖는 갈등은 많지 않다. 따라서 갈등의 종류에 대해 살펴보는 것은 다양한 갈등을 객관적으로 이해하고 분석하는데 도움을 줄 수 있다.

1) 갈등의 내용별 분류

갈등이 왜 발생하는가에 대한 원인 규명은 매우 어렵다. 갈등이 발생하는 원인이 분명하게 하나가 아니라 둘, 셋 이상의 여러 가지 원인이 복합적으로 작용하여 발생되고 확대되기 때문이다. 갈등을 유발시키는 대표적인 원인을 내용별로 살펴보면, ① 사실관계 갈등, ② 이해관계 갈등, ③ 구조적 갈등, ④ 관계상의 갈등, ⑤ 가치관 갈등, ⑥ 정체성 갈등 등으로 나눌 수 있다(Moore, 1996).

첫째, 사실관계 갈등은 같은 사건이나 언행, 자료에 대해 서로 이해하는 차이가 발생하여 사실관계에 대해 각자 다른 입장을 주장할 때 발생하는 갈등이다. 여기에서 '사실'이란 약속, 협약, 법적인 기준, 역사적 사실, 과학 기술적 사실 등의 여러 측면을 의미한다. 유언비어 살포나 명예회복 등 법정에서 흔히 다루어지는 갈등이 사실관계 갈등이다.

둘째, 이해관계 갈등은 한정된 자원을 배분하는 문제를 놓고 다투는 과정에서 발생하는 갈등이다. 즉 자원과 같은 물질적인 이해관계나 조직 내에서 차지하고자 하는 자리 또는 직책과 같은 비물질적인 이해관계는 한정적인데 비해 원하는 사람이나 집단이 많을 때 생겨나는 갈등으로서 금전적 이익이나 손실에 민감하게 반응한다. 이해관계 갈등은 직접적 또는 잠재적 이익이나 자원을 분배하는 과정에서 발생하는 불만이나 부정의에 영향을 받는다. 특히 생존과 자아실현과 같은 기본적인 욕구에 대한 이해관계를 둘러싼 갈등이 매우 많다. 그런데 종교나 제도와 관련된 구조적 갈등이라 하더라도 그 이면에는 이해관계 갈등이 작용하는 경우가 많다.

셋째, 구조적 갈등은 사회 내의 구조적 문제와 한계 때문에 발생하는 갈등이다. 적합하지 않은 제도, 규제, 풍습, 관습, 힘의 불균형 등에 의해 개인이나 집단이 지속적으로 물질적, 정신적 피해를 입는 상황에서 종종 발생한다. 특히 구조적 갈등은 이러한 적합하지 않거나 불합리한 사회적 규범을 변경하거나 새롭게 만들 때 이에 저항하는 사람들이 나타나며 이로 인하여 갈등이 발생한다. 한국에서 호주제, 간통죄, 사이버 모욕죄, 미디어 관련법, 야간집회 제한 관련법, 국가보안법, 노동법 관련 법 개정 또는 정부 정책과 관련된 갈등이 대표적인 구조적 갈등이다.

넷째, 관계상의 갈등은 지속적으로 관계를 유지해야 하는 사람들이 오해, 불신, 편견 등에 의해 관계형성과 유지에 어려움을 겪는 상황에서 발생하는 갈등이다. 사람은 대부분 사회 속에서 다른 사람과 인간관계가 형성되면 그 사람에게 기대감을 갖게 된다. 그런데 상대방이 기대에 어긋나는 행동을 함으로써 이 같은 기대감이 충족되지 않게 되면 인간관계가 훼손되는 상황에 직면하게 되고 이로 인해 갈등이 발생하게 된다. 또한 관계상의 갈등은 의사소통의 부재나 왜곡이 큰 영향을 미치며 다른 원인에 의해 발생한 갈등이지만 쉽게 관계상의 갈등으로 전이되기 때문에 이슈가 해결되어도 갈등이 지속되는 경우가 많다.

다섯째, 가치관 갈등은 개인이나 집단이 오랫동안 다른 환경이나 문화 속에서 살면서 생각이나 신념, 사상, 종교 등이 다르게 형성된 차이로 인해 발생하는 갈등이다. 특히 가치관 갈등을 발생시키는 이러한 요소들은 이를 강요하거나 쉽게 포기할 수 없기 때문에 해결이 매우 어려운 갈등이다. 국제적으로는 이슬람 문화권과 서구 기독교 문화권 간에 뿌리 깊은 갈등이 대표적인 예라고 할 수 있다. 또한 한 사회 내에서는 환경과 개발에 관련된 갈등, 복지와 성장과 관련된 갈등, 진보와 보수 간의 갈등 등 여러 종류의 가치관 갈등이 존재한다.

여섯째, 정체성 갈등은 개인이나 집단의 변하기 어려운 본질 혹은 속성인 정체성을 둘러싸고 발생하는 갈등이다. 또한 정체성 갈등은 개인이나 집단이 갖는 정체성이 정치적, 사회적으로 왜곡되고 오용될 때 발생한다. 이러한 정체성은 피부색, 성(性), 생김새, 몽고반점 등과 같이 생물학적인 것도 있으며, 언어, 종교, 의식 등과 같은 사회문화적인 것도 있다. 정체성은 보통 오랜 시간을 두고 형성된 것으로서 개인이나 집단과 분리해서 생각할 수 없으며, 개인이나 각 집단을 특징짓는 요소이기 때문에 보존 욕구가 매우 강하다. 따라서 정체성에 대한 시비는 개인이나 집단의 존재 유무와 직결되기 때문에 이를 침해하는 경우 격렬하게 저항하는 경우가 많고 갈등이 발생하게 된다. 그리고 인종갈등이나 역사갈등의 경우처럼 자신이 속한 집단이 부당한 대우나 부정의의 피해자라는 인식이 확대될 때 구성원들에게 직접적인 개인의 문제로 다가오게 된다. 특히 정체성은 갈등을 유발하기도 하고 갈등은 정체성을 강화하는 상호작용을 하는 특징이 있다.

〈표 1-5〉 내용 분류별 갈등해결의 예

구 분	정 의	해결을 위한 접근(예)
사실관계 갈등	• 사건, 자료, 언행에 대한 사실해석의 차이에서 발생하는 갈등	• 객관적 자료나 제3의 개입을 통한 사실증명, 공동조사
이해관계 갈등	• 한정된 자원이나 지위, 자원을 분배하는 과정에서 발생하는 갈등	• 공정한 분배시스템, 합리적 의사결정 제도 마련

구조적 갈등	• 사회, 정치, 경제 구조와 왜곡된 제도, 관행, 관습 등으로 인해 발생하는 갈등	• 제도적 개선과 새로운 문화 창출을 위한 교육과 훈련
관계상의 갈등	• 불신, 오해, 편견 등 상호관계의 이상으로 발생하는 갈등	• 의사소통의 통로 확보 및 확대, 변환적 조정
가치관 갈등	• 가치관, 신념, 세대, 정치관, 종교, 문화의 차이로 인해 발생하는 갈등	• 의견수렴, 평화적 공존을 강조하는 다종교 간의 대화, 다문화 이해 교육
정체성 갈등	• 개인이나 집단이 가진 정체성의 의도적인 훼손이나 강요 때문에 발생하는 갈등	• 공동역사 연구모임 • 중립적 이해를 위한 상호이해교육

자료: 강영진(2000: 12).

2) 갈등의 주체별 분류

갈등의 주체별 분류는 갈등을 유발하는 당사자가 누구인가를 중심으로 분류하는 방법으로서 ① 내적 갈등(inner conflict), ② 개인 간 갈등(interpersonal conflict), ③ 조직 간 갈등(organizational conflict), ④ 집단 간 갈등(intergroup conflict), ⑤ 공공정책 갈등(public policy conflict), ⑥ 국가 간 갈등(international conflict) 등이 있다.

첫째, 내적 갈등은 개인의 선택이나 가치 충돌 등으로 발생할 수 있는 개인의 심리적 갈등이다. 둘째, 개인 간 갈등은 개인과 개인 간의 관계상에서 발생하는 갈등이다. 셋째, 조직간 갈등은 회사, 조직, 단체 구성원들 간에 발생하는 갈등이다. 넷째, 집단 간 갈등은 복수의 집단 간의 대립으로 발생하는 갈등이다. 다섯째, 공공정책 갈등은 중앙정부나 지방자치단체 또는 공공기관이 정책의 수립 및 집행하는 과정에서 직간접적인 이해관계자 간에 발생하는 갈등이다. 여섯째, 국가 간 갈등은 복수의 국가나 정부 간에 발생하는 국제적 규모의 갈등을 의미한다.

3) 갈등의 확대 유형별 분류

갈등을 확대 유형별로 분류하면 ① 확대재생산형(escalation) 갈등, ② 비화형(spill-over) 갈등, ③ 굴절형(deflection) 갈등 등이 있다.

첫째, 확대재생산형 갈등은 나선형 증폭과정을 겪으며 악순환하는 갈등을 말한다. 1948년 5월 이스라엘 건국 이후 팔레스타인과 이스라엘 간의 갈등이 대표적인 예라고 할 수 있다. 둘째, 비화형 갈등은 한 곳의 갈등이 다른 곳으로 번지는 갈등을 말한다. 어린이 놀이터에서 발생한 아이들 간의 갈등이 부모 간 갈등으로 전이되는 경우가 대표적인 예라고 할 수 있다. 마지막으로 굴절형 갈등은 진원지가 아닌 제3의 곳으로 갈등이 분출되는 경우이다. 국내의 정치문제를 해결하기 위해 해외를 침략하는 경우 굴절형 갈등이 발생하는데, 전국시대를 통일한 도요토미 히데요시(豐臣秀吉)가 국내의 적대세력을 약화시키기 위해 정명가도(征明假道)을 핑계로 조선을 침략해서 발생한 임진왜란이 대표적인 예라고 할 수 있다.

토론 사항	• 갈등 없는 세상이 인간이 꿈꾸는 세상인가? • 우리는 갈등에 어떻게 대처해야 하는가? • 갈등이 사회발전에 어떠한 순기능의 역할을 하는가? • 한국사회의 갈등을 완화하기 위해 어떠한 노력을 해야 하는가?

참고문헌

가상준 · 안순철 · 임재형 · 김학린(2009), 「한국 공공분쟁의 현황 및 특징: 1990-2007」, 『한국정치학회보』 43-2: 51-88.

강영진(2000), 『갈등분쟁 해결 매뉴얼』, 성공회대학교.

강인호 · 이계만 · 안병철(2005), 「NIMBY와 PIMFY 입지의 지방정부간 갈등관리: 공항건설과 외국어고 입지갈등구조 비교연구」, 『한국지방자치학회보』 17-2: 137-166.

국민대통합위원회 · 한국사회갈등해소센터(2014), 『소통과 갈등관리 방법찾기』, 교보문고.

권영규(2006), 「갈등성격과 갈등관리전략에 관한 연구: 청계천복원사업에서 나타난 해결과정을 중심으로」, 『한국사회와 행정연구』 17-2: 159-189.

나태준 외(2004), 『갈등해결의 제도적 접근: 현행 갈등관련 제도 분석 및 대안』, 한국행정연구원.

대통령자문 지속가능발전위원회(2004), 『갈등관리시스템 구축방안 연구보고서』, 지속가능발전위원회연구보고서(2004-9).

대통령자문 지속가능발전위원회 편(2005), 『공공갈등관리의 이론과 기법 上』, 논형.

신현기 외(2012), 『경찰학사전』, 법문사.

유종해(2000), 『현대조직관리』, 박영사.

임동진 · 윤수재 · 홍성만(2011), 『갈등의 원인분석 및 해결방안 연구』, 국무조정실 · 행정연구원.

정치학대사전편찬위원회(2002), 『21세기 정치학대사전』, 아카데미아리서치.

주재복 · 고경훈 · 심준섭 · 홍성만 · 조영희(2005), 『지역갈등의 현황 및 정책과제』, 한국여성개발원.
천대윤(2005), 『갈등관리와 협상전략론』, 선학사.
최장집(2003), 『민주화 이후의 민주주의: 한국민주주의의 보수적 기원과 위기』, 서울: 후마니타스.
최해진(2004), 『갈등의 구조와 전략』, 도서출판 두남.
최환규 · 김성희(2016), 『갈등 앞에서 갈등하지 마라』, 매경출판.
하혜영(2007), 『지역갈등의 현황 및 정책과제』, 한국여성개발원.
홍성만(2008), 「백두대간 보존을 둘러싼 다차원 갈등과 합의형성」, 『지방행정연구』 22-4: 165-191.
Baron, R. A.(1990), "*Conflict in Organizations*." In Kelvin R. Murphy & Frank E. Saal(eds.), *Psychology in Organizations: Integrating Science and Practice*(pp, 197-216), Hillsdale, N. J.: Erbaum.
Boulding, K. E.(1962), *Conflict and Defens*, New York: Harper and Row.
Burton, John(1996), *Conflict Resolution: Its Language and Processes*, Scarecrow Press.
Coser, Lewis. A.(1956), *The Functions of Social Conflict*, N.Y.: Free Press.
Dahrendorf, Ralf(1959), *Class and Class Conflict in Industrial Society*, Stanford Unversity Press.
Fink, C. F.(1968), "Some Conceptual Difficulties in the Theory of Social Conflict." Journal of Conflict Resolution, 12-4: 412-460.
Jeong, Howon(2000), *Peace and Conflict Studies,* Ashgate.
March, James. G, & Simon, Herbert, A.(1958), *Organization*, New Jersey: John Wiley & Sons Inc.
Minnery, John R.(1985), *Conflict Management in Urban Planning*, London: Ashgate Publishing Limited.

Minnery, John R.(1985), *Conflict Management in Urban Planning*, N.Y.: Castle Rock.

Moore, Christopher W.(2014), *The Mediation Process: Practical Strategies for Resolving Conflict, 4th Edition*, Jossey-Bass.

Pony, Louis. R.(1967), "Organizational Conflict: Concepts and Models." Administration Science Quarterly, 12-2: 296-320.

Pruitt, Dean G. & Rubin. Jeffrey Z.(1986), *Social Conflict: Escalation, Stalemate, and Settement*, New York, N.Y.: McGraw-Hill.

Pruitt, Dean G. & Rubin. Jeffrey Z. and Kim, Sung Hee(1994), "Conflict Escalation." *In Social Conflict: Escalation, Stalemate, and Settement, 2nd Edition*, New York, N.Y.: McGraw-Hill College Division.

2 공공갈등의 이해

학습 목표	• 공공갈등의 개념과 특성에 대해 이해한다. • 공공갈등의 발생 원인에 대해 이해한다. • 공공갈등의 종류에 대해 이해한다. • 한국사회 공공갈등 발생의 구조적 원인에 대해 이해한다. • 공공갈등 해결방안에 대해 이해한다.

1. 공공갈등의 개념

갈등을 발생시키는 요인들은 다양하다. 그것이 양립 불가능한 이해가 될 수도 있고 목표 또는 가치가 갈등의 원인으로 작용할 수도 있다. 이러한 갈등의 발생 원인을 기준으로 할 때는 갈등의 유형을 크게 이익갈등(interest conflict)과 가치갈등(value conflict)으로 이분법적으로 구분할 수 있다. 그러나 갈등은 좀 더 다양하고 복잡한 원인이 혼합되어 발생하기도 한다. 이에 따라 갈등은 관계갈등(relationship conflict), 정보갈등(data conflict), 구조적 갈등(structural conflict)으로 분류하기도 한다. 관계갈등은 강한 거부감, 잘못된 지각(스테레오타입), 소통 결여, 반복된 부정적 행동으로 인해 발생하는 갈등이며, 정보갈등은 잘못된 정보, 적합한 자료에 대한 의견 불일치, 정보 해석의 차이, 상반된 평가 절차 등을 인해 발생하는 갈등이다. 그리고 구조적 갈등은 제한된 물질적 자원이나 권위와 같이 갈등상태에 있는 사람들 외부에 존재하는 힘으로 인해 발생하는 갈등을 의미한다(대통령자문 지속가능발전위원회 편, 2005: 38).

공공갈등은 이러한 갈등이 공공정책과 같이 공중에게 광범위하게 영향을 미치는 쟁점을 둘러싼 갈등을 의미한다(강영진, 2000: 74). 또한 갈등 당사자를 기준으로 공공갈등을 정의하면, "국가와 지방자치단체, 정부투자기관 등이 당사자인 갈등으로서 국민의 권리와 의무에 영향을 미치는 정책, 법령, 사업의 충돌로 인해 발생하는 갈등과 분쟁"이라고 할 수 있다(신창현, 2005: 15). 이와 관련하여 대통령령인 「공공기관의 갈등 예방과 해결에 관한 규정」 제2조에서는 '갈등'을 "공공정책(법령의 제정 • 개정, 각종 사업계획의 수립 • 추진을 포함)을 수립하거나 추진하는 과정에서 발생하는 이해관계의 충돌을 말한다"고 정의하고 있다(공공기관의 갈등 예방과 해결에 관한 규정). 그런데 공공갈등은 공익(公益)에 영향을 미친다는 점을 강조하고 있기에 공공갈등을 정부가 당사자인 경우에만 한정할 경우 사회적으로 중요한 대립이 제외될 수밖에 없다. 따라서 정부가 당사자인 갈등과 함께 정부가 개입하게 되는 갈등도 공공갈등에 포함시키고 있다.

공공갈등의 개념정의에 있어 외국의 경우는 공공갈등의 개념을 자세하게 논의하고 있지 않고 공공의 영역에서 발생하는 갈등 정도로 인식하고 있다. 구체적으로 Stephenson & Pops(1989)는 공공갈등을 "사회적 갈등이 정부의 정책결정과 정의 틀(framework) 속에서 논의되고 해결되는 과정"이라고 하였으며, Lan(1997)은 "경제, 공익, 권력의 분권화, 세계화, 빈곤 등 다양한 사회문제로 인해 발생하는 갈등을 공공부문에서 논의하는 것"이라고 정의하였다. 다음으로 Carpenter & Kennedy(2001)는 공공갈등을 "갈등의 주요 협상당자자의 범위를 넘어서 공공에게 영향을 미치는 갈등"이라고 하였으며, Dukes(2006)은 "현대의 민주사회에서 발생하는 여러 사회적 문제 중 공공문제로 인해 발생하는 갈등"이라고 정의하였다. 이러한 외국의 학자들이 정의하고 있는 공공갈등의 개념을 종합하면 "여러 사회의 문제 중 공공의 문제로 인해 발생하는 갈등을 정부가 논의하는 과정"이라고 할 수 있다.

다음으로 국내문헌에 나타나고 있는 공공갈등에 대한 개념정의를 살펴보면 먼저, 전주상(2000)은 공공갈등을 "공익을 추구하는 정책의 전 과정을 통하여 목표가 양립 불가능한 상황에서 정책과 관련된 행위주체들이 상호작용하면서 전개되는 역동적인 과정"이라고 하였으며, 강영진(2000)은 "공공정책과 같이 공중에게 광범위하게 영향을 미치는 쟁점을 둘러싼 갈등"이라고 정의하였다. 신창현(2005)은 공공갈등을 "국민의 권리와 의무에 중요한 영향을 미치는 정책을 세우거나 변경하고, 법령을 고치거나 새로 만들 때, 또는 사업계획을 수립하고 집행할 때 이로 인해 발생하는 국민과 정부, 정부와 지방자치단체, 지방자치단체와 지방자치단체, 지방자치단체와 주민간의 갈등"이라고 정의하였다. 윤종설은 "중앙정부나 지방정부 등 공공기관이 갈등의 당사자가 되어 국민의 권리와 의무에 영향을 미치는 정책, 법령, 사업계획 등의 공공정책을 수립하고 집행할 때 정부 간 또는 정부와 시민 간에 발생하는 각종 갈등"이라고 정의하였다. 다음으로 정규호(2007)는 공공갈등을 "정부의 정책행위는 물론 법규 제정 등 공중의 이해관계와 관련된 포괄적 문제와 관련된 갈등"이라고 하였으며, 장현주(2008)는 "정책결정과정 또는 정책집행과정 등 정책과정의 공식적 참여자뿐만 아니라 비공식적 참여자들이 상호 자신의 이익 또는 그들이 대변하고자 하는 정책 대상 집단의 이익을 반영하거나 조정, 또는 보호하기 위해 관련 이해관계자간에 발생하는 이해관계의 충돌"이라고 정의하였다.

이러한 공공갈등에 대한 국내외 학자들의 개념정의를 종합하면, 첫째, 공공갈등은 주요한 당사자가 정부나 지방자치단체 및 공공기관이 되며, 둘째, 공공정책 수립 및 집행, 법규제 · 개정 등 정책과정 전 과정에서 발생하고, 셋째, 공공갈등은 일반적인 갈등과 마찬가지로 이해관계자들 간의 상호 양립 불가능한 가치, 목표, 수단 등으로 인해 발생하고, 마지막으로 공공갈등은 광범위하게 사회 · 경제적으로 심대한 영향을 미쳐 정부의 개입 또는 관여를 필요로 한다는 것이다.

가상준 등(2009)은 공공갈등에 대한 국내외 학자들의 개념정의를 종합하여, 공공갈등이란 "서로 상충되는 쟁점을 둘러싸고 대립하는 둘 이상의 행위주체들의 상호작용과정이 공중에게 광범위하게 영향을 미치게 되어 사회적 갈등관리기제에 의해 다루어지는 갈등"으로 정의하였다. 이러한 개념 정의가 내포하고 있는 의미는 공공갈등은 사회적으로 합의된 권위체에 의해 갈등이 다루어져야 하며, 공중에게 광범위하게 영향을 미치기에 심각성과 지속성 면에서 특성을 지녀야 한다는 것이다. 여기서 사회적으로 합의된 권위체란 정부를 의미하며 중앙정부, 지방정부, 정부투자기관 등과 같은 공공기관이 갈등의 당사자로 혹은 제3자로 갈등에 참여하였다는 것을 의미한다.[1] 광범위하게 공중에게 영향을 미친 갈등은 일정한 기준을 넘어서 사회의 관심을 끌며 공중에게 영향을 미친 강도 높은 갈등들이다.[2]

가상준 등(2009)은 갈등의 강도와 관련한 조작적 정의를 통하여 공공갈등은 ① 갈등의 전 과정을 통해 연인원 500명 이상의 참여자가 집단적으로 행동을 조직하고, ② 공중이 자유롭게 접근할 수 있는 곳에서 최소한 100명 이상의 참여자가 집단적으로 행동을 조직하는 경우가 적어도 1회 이상 발생하고, ③ 서로 상충되는 쟁점을 둘러싸고 대립하는 둘 이상의 행위 주체들의 상호작용이 적어도 7일 이상 지속하는 세 가지 조건을 모두 충족하는 갈등을 의미한다고 하였다.

이러한 공공갈등에 대한 개념정의가 갖는 장점은 공공갈등은 대립되는 둘

---

1 갈등에 정부가 개입한다는 의미는 구체적인 행위를 하는 경우를 의미한다. 단순히 말로서 갈등에 개입하는 경우는 개입으로 파악하지 않는다.

2 어떤 특정 갈등이 어느 정도의 강도로 진행되어야 공중에게 광범위한 영향을 미치는가를 조작적으로 정의(Operational Definition)하는 것은 불가피하게 연구자의 자의적인 것으로 모아지는바, 갈등데이터를 만드는 많은 연구자들이 반드시 넘어야 할 과제라 할 수 있다(가상준 외, 2009: 59).

이상의 당사자가 있으며, 공중에게 영향을 미치고 있으며, 사회적 분쟁관리 기제에 의해 다루어진다는 특징을 가지고 있음을 알 수 있다는 것이다. 또한 갈등의 내용을 통해 갈등의 당사자는 무엇을 위해 대립하고 있는지 갈등 당사자의 요구를 통해 알 수 있으며 갈등이 어떠한 방식에 의해 종결되고 있는지도 알 수 있다.

〈표 2-1〉 공공갈등에 대한 연구자별 개념 정의

연구자	공공갈등에 대한 개념 정의
Stephenson et. al.(1989)	• 사회적 갈등이 정부의 정책결정과정의 틀 속에서 논의되고 해결되는 과정
Lan(1997)	• 다양한 사회문제로 인해 발생하는 갈등을 공공부문에서 논의하는 것
Carpenter et. al.(2001)	• 갈등의 당사자 범위를 넘어서 공공에게 영향을 미치는 갈등
Dukes(2006)	• 사회문제 중 공공문제로 인해 발생하는 갈등
전주상(2000)	• 공익을 추구하는 정책의 전 과정을 통하여 목표가 양립불가능한 상황에서 정책과 관련된 행위주체들이 상호작용하면서 전개되는 역동적인 과정
강영진(2001)	• 공중에게 광범위하게 영향을 미치는 쟁점을 둘러싼 갈등
나태준(2004)	• 공익을 추구하는 정책의 전 과정을 통하여 목표가 양립 불가능한 상황에서 정책과 관련된 행위주체들이 상호작용하면서 전개되는 역동적 상황
신창현(2005)	• 국민의 권리와 의무에 중요한 영향을 미치는 정책을 세우거나 변경하고, 법령을 고치거나 새로 만들 때, 또는 사업계획을 수립하고 집행할 때 이로 인해 발생하는 국민과 정부, 정부와 지자체, 지자체와 지자체, 지자체와 주민간의 갈등
지속가능발전위원회(2005)	• 공익을 추구하는 정책의 전 과정을 통하여 목표나 이익이 양립 불가능한 상황에서 행위주체들이 상호작용하면서 전개되는 역동적인 과정

윤종설(2007)	• 중앙정부나 지방정부 등 공공기관이 갈등의 당자자가 되어 국민의 권리와 의무에 영향을 미치는 정책, 법령, 사업계획 등의 공공정책을 수립하고 집행할 때 정부 간 또는 정부와 시민 간에 발생하는 각종 갈등
정규호(2007)	• 정부의 정책행위는 물론 법규 제정 등 공중의 이해관계와 관련된 포괄적 문제와 관련된 갈등
장현주(2008)	• 정책결정과정 또는 정책집행과정에서 정책과정의 공식적 참여자뿐만 아니라 비공식적 참여자들이 상호 자신의 이익 또는 그들이 대변하고자 하는 정책대상 집단의 이익을 반영하거나 조정, 또는 보호하기 위해 관련 이해관계자간에 발생하는 이해관계의 충돌
가상준 외(2009)	• 서로 상충되는 쟁점을 둘러싸고 대립하는 둘 이상의 행위주체들의 상호작용과정이 공중에게 광범위하게 영향을 미치게 되어 사회적 갈등관리기제에 의해 다루어지는 갈등
공공기관의 갈등 예방과 해결에 관한 규정 (대통령령)	• 공공기관이 법령 또는 자치법규를 제정 또는 개정하거나 구체적 사실에 관하여 법령 등을 집행하는 과정 또는 정책, 사업을 수립하거나 추진하는 과정에서 발생하는 이해관계의 충돌
공공갈등의 공통개념	① 정부나 지방자치단체, 공공기관이 갈등의 주요한 당사자 ② 공공정책의 전 과정에서 발생함 ③ 이해관계자간의 상호 양립불가능한 가치, 목표, 수단 등으로 인해 발생 ④ 광범위하게 영향을 미쳐 정부의 개입이나 관여를 필요로 함

2. 공공갈등의 특성

공공갈등에 대한 다양한 개념정의와 공공갈등 사례를 중심으로 살펴보면 공공갈등은 일반적인 사적 갈등이나 집단 사이에서 발생하는 소규모 민/민 갈등과는 몇 가지 다른 특징을 내포하고 있다. 이를 갈등 당사자와 갈등의 원인을 중심으로 분류하여 살펴보면 다음과 같다.

첫째, 갈등 당사자를 중심으로 했을 때, 공공갈등은 이해당사자(stake-holders) 자체가 특정화되기 어렵다. 이는 공공갈등의 경우 소규모 민/민갈등보다 직접적 이해관계를 갖는 집단이 다양하고 클 뿐만 아니라 간접적 이해관계를 갖는 사람들까지 포함하면 이해당사자의 범위가 특정 지역의 차원을 넘어 전체 국민이 되는 경우가 종종 발생한다. 이러한 경우 발생하게 되는 문제점은 공공갈등의 예방과 해결에 있어 당사자의 범위를 어디까지로 할 것인가, 그리고 다양한 당사자들에게 동일한 당사자 지위를 부여할 것인가가 까다로운 문제로 등장할 수 있다는 것이다. 특히 보상비 지급에 있어 이해당사자 지위 문제는 갈등과정이나 갈등이 종료된 후에 주민 간 갈등의 원인으로 작용하면서 '갈등 후 갈등'을 야기하는 원인으로 작용하고 있다.

〈표 2-2〉 갈등 후 갈등을 야기한 공공갈등 사례

갈등 후 갈등을 야기한 대표적 공공갈등

- 제주해군기지 건설 갈등
- 밀양송전탑 건설 갈등

갈등 후 갈등을 야기한 대표적인 공공갈등은 '제주해군기지 건설 갈등' 과 '765kv 밀양송전탑 건설 갈등'인데, 정책 추진과정에서 공공시설 입지에 대한 주민 간 찬반갈등, 피해보상의 범위와 보상 규모, 보상 형식, 보상금 사용의 공정성 등을 둘러싸고 지역주민 간 갈등이 발생되어 지역공동체가 파괴되는 현상이 발생되고 있다.

제주해군기지 건설 갈등

밀양송전탑 건설 강등

의약분업제도 도입을 위한 약사법 개정과정에서 1993년 발생한 '약사법 개정(의약분업) 반대 갈등'이나 2000년 발생한 '개정약사법(의약분업) 시행 관련 갈등'의 경우 직접적 주요 이해당사자는 대한의사협회 소속 의사 집단과 대한약사회 소속 약사 집단이었다. 그러나 의약분업이 어떠한 형태로 이루어지느냐에 따라 일반 국민들은 병원 및 약국 이용의 행태나 경제적 부담이 달라질 수 있다는 점에서 국민 대다수가 간접적 이해당사자가 되었다고 할 수 있다.

이에 더하여 이해당사자가 국경을 넘어 다른 나라 정부나 국민 및 단체로 확대되는 경우도 있다. 중국과의 마늘협상과 관련하여 발생한 '한중 마늘협상 관련 갈등'의 직접적 주요 이해당사자는 정부(외교통상부, 농림부)와 전국농민단체, 농협중앙회, 마늘생산지역 농민 등이었다. 그러나 마늘협상의 상대는 중국이었으며, 농민단체와 마늘생산 농민들의 압력에 직면한 한국정부가 마늘에 대해 추가 관세를 부과하자, 중국 정부가 한국산 휴대전화와 폴리에틸렌의 수입 금지로 맞대응 하면서 갈등의 내용이 비화되어 직접적 주요 당사자뿐만 아니라 간접적 이해당사자도 휴대전화, 폴리에틸렌 생산회사 및 근로자, 중국 마늘생산 농민 등으로 확대된 사례라고 할 수 있다.

공공시설이란?

공공시설은 공공부문의 재원에 의해 관리 · 운영되고 시민생활의 복리증진을 위해 건립된 시설을 의미하며, 공공부문이 제공하지 않더라도 다수의 주민 또는 다중이 일정 비용을 지불하면서 이용할 수 있는 민간시설도 포함된다(최용규 · 오정석, 2004: 19-20).

둘째, 공공갈등은 그 원인이 복합적이라는 특징을 갖고 있다. 산업화, 도시화가 진척되면서 사회간접시설을 확대해야 하는 중앙정부나 지방자치단체는 정책추진과정에서 종종 주민들의 거센 반대에 직면한다. 특히 공공시설 중에서 문화시설과 같은 선호시설은 지역 내 혹은 지역 간 긍정의 외부효과(positive externality)를 발생시켜 지역 이미지 제고, 지역 및 개인 자산가치 증가, 관광효과, 고용창출 등 지역경제 활성화에 이바지하는 것으로 여겨짐으로써 '핌피갈등'을 유발할 정도로 서로 자기 지역에 유치하려 한다.

외부효과(positive externality)란?

경제행위자가 어떤 특정한 경제적 행위를 할 때, 그 행위가 의도하지 않게 제3자에게 이익이나 손해를 가져다주며 이에 대한 대가나 벌칙을 받지 않는 경우를 외부효과라고 하는데, 그 중 사회 전체적으로 보았을 때 긍정적인 측면을 '외부경제', 부정적인 측면을 '외부불경제'라고 한다(Holtermann, 1972).

선호시설이란?

선호시설은 그 시설의 사용 목적에 따라 크게 '산업시설'과 '생활기반시설' 등으로 분류할 수 있는데, '산업시설'은 교통시설, 에너지시설, 통신시설, 행정 및 사법시설, 수리시설 등을 포함하며, '생활기반시설'은 주거환경시설, 교육시설, 의료복지시설, 문화 및 여가시설 등을 포함한다(정지범 · 은재호 · 최유진, 2011: 19).

비선호시설이란?

비선호시설이란 국가적 · 사회전체적 또는 지역적으로는 필요성이 일반적으로 받아들여지나 해당 입지지역 차원에서는 해악성이 강하게 부각되는 양면성을 지닌 시설을 의미한다. 이에 대해 포퍼(F.J. Popper)는 비선호시설을 LULUs(Locally Unwanted Land Uses)라고 명명하면서, "늘 지역주민에게 공포와 고통을 주며, 집값이 하락하는 등 부정적인 외부효과를 유발하는 반면에 그것의 설치로 입지지역에 돌아오는 혜택은 타 지역들의 것과 비교하여 동일하거나 그다지 크지 않은 공공시설"이라고 정의하였다(강신겸, 1996: 11).

〈비선호시설의 특성에 따른 분류〉

시설의 특성	시설의 종류
혐오성	• 쓰레기매립장, 분뇨처리장, 화장장, 공원묘지, 하수종말처리장 등
위험성	• 주유저장소, 원자력발전소, 군부대시설, 폐기물처리장, 교도소 등
순수공익성	• 양로원, 아동복지시설, 정신병원, 장애자시설, 상수원보호구역 등

반면, 비선호시설은 부정적 외부효과(negative externality)를 발생시켜 지역 이미지 훼손, 지역 및 개인 자산가치 하락 등 지역에 부정적인 영향을 미

치는 것으로 여겨짐으로써 극단적인 '님비갈등'을 유발할 정도로 자기 지역에 건립되는 것을 극력 반대한다. 특히 제13대 대통령 선거 당시 노태우 후보의 대선 공약에 의해 시작된 새만금 간척사업과 경부고속전철 천성산 관통터널 공사는 물론 안면도, 부안, 삼척 등 원전 건설 갈등은 환경과 관련된 가치갈등이면서도 지역 이미지 훼손, 지가하락 등과 관련된 이익갈등이 되기도 한다. 또한 사업 시행 측에서 주민들에게 제공하는 자료의 성격이나 진실성을 놓고 정보갈등이 되기도 한다. 이러한 공공갈등은 현재 발생되고 있는 또는 향후 나타날 수 있는 피해에 대한 대립된 전문적 견해가 추가되면서 갈등의 이슈를 확대시키고 갈등의 양상을 복잡하게 하고 있다. 또한 공공갈등은 이해관계 갈등(interest conflict)이 다수를 차지하고 있으나, 사실관계나 가치관의 문제가 관련되기도 한다. 이러한 경우 한편에서는 이익갈등이면서도 다른 한편에서는 사실갈등, 가치갈등이 될 수도 있다.

핌피현상(PIMFY: Please In My Front Yard)'이란?

'님비현상(NIMBY: Not In My Back Yard)'에 대립되는 개념으로서 특정지역에 대한 애착심 및 지역의식을 토대로 지역의 발전에 기여할 수 있다고 예상되는 대규모 국책사업의 유치를 위한 갈등현상을 의미한다(임재형, 2008: 4; 정지범 · 은재호 · 최유진, 2011: 19)

셋째, 공공갈등은 갈등의 쟁점이 대체로 복잡하고 이해관계의 규모가 크며, 문제의 성격도 기술적, 전문적인 경우가 많다. 새만금 간척사업과 경부고속전철 천성산 관통터널공사를 둘러싼 공공갈등은 이러한 사례의 전형이라고 할 수 있다. 특히 이들 사례는 대립된 전문적 견해가 갈등을 증폭시키는 원인이 되기도 하였다. 새만금 간척사업 관련 갈등에서는 갯벌의 가치, 갯벌의 생성 가능성, 수질 유지의 가능성을 둘러싼 견해 차이가 갈등의 원인 중의 하나가 되었고, 천성산 관통터널공사 관련 갈등에서는 지하수와 지질에 대한 견해의 차이가 한 가지 원인으로 작용하였다.

이러한 점에서 이들 공공갈등은 정보갈등의 성격을 갖기도 한다. 뿐만 아니라 많은 공공갈등의 경우에는 정보의 불충분한 공개와 절차의 불완전한 이행도 갈등의 원인이 된다. 결국 공공갈등은 다양한 요인에 의해 발생되는 복합적인 성격을 띠게 된다.

넷째, 공공갈등은 집단행동과 공권력 사용 등 파워게임의 범위가 넓고 강도가 높다. 이러한 공공분쟁 사례는 안면도와 부안의 방사성폐기물처분장 건설 갈등, 새만금 사업 갈등, 평택 미군기지 확대 건설 갈등 등이 그 전형이라고 할 수 있다.

다섯째, 공공갈등은 법규 등 제도적 장치가 갈등의 발생 및 진행-해결과정에서 중요한 역할을 한다. 특히 노사갈등은 공공갈등의 여러 유형 중에서 이러한 특징의 대표적인 예라고 할 수 있다.

여섯째, 공공갈등은 다중의 이해관계가 걸려 있기 때문에 언론과 국민의 관심을 크게 받는다. 특히 언론보도가 갈등의 진행 및 해결과정에 큰 영향을 미친다. 천성산 관통터널 건설 갈등과정에서 지율 스님의 단식에 대한 언론의 보도와 국민의 관심이 정부의 정책을 변경시킨 대표적인 예라고 할 수 있다.

마지막으로 공공갈등은 대체로 구조적이기보다는 일시적인 성격을 띤다. 이는 갈등의 원인이 되었던 공공사업의 중지 또는 완료나 이해당사자간의 합의가 도출되면 갈등이 종료되기 때문이다. 그러나 분단구조가 해소되지 않고 있는 한국 사회에서 이념의 대립에 의해 발생하고 있는 이념갈등은 다른 공공갈등과 비교하여 일시적이기 보다는 구조적 성격을 띠고 있다고 볼 수 있다.

3. 공공갈등의 원인

공공갈등의 개념이 여러 가지 차원으로 정의되고 있는 것처럼 공공갈등의 원인도 다양하게 설명할 수 있다. 공공갈등의 원인을 첫째, 갈등을 확대 • 재생산 시키는 배경 원인과 둘째, 갈등 당사자들 간에 가장 핵심이 되는 논의 사안이라고 할 수 있는 쟁점 원인을 중심으로 분류하면 다음과 같다.

〈표 2-3〉 갈등 당사자 성격

갈등 당사자	갈등 당사자 성격
주요 당사자들 (primary parties)	• 갈등에서의 주된 행위자들이며, 이들의 목표 혹은 열망이 다른 이들의 그것과 양립할 수 없으며, 이들 상호 간 양립할 수 없는 목적을 추구하는 과정에서 갈등이 발생하게 된다.
2차 당사자들 (secondary parties)	• 점유된 이해관계를 가지거나 혹은 갈등과 그 결과에 의해서 직접적으로 영향을 받는 이들이지만, 직접 의사결정에 참여하지는 않는다. 그러나 2차적 당사자는 잠재적인 연합 구성원이며, 이들은 주요 당사자가 될 수도 있다.
주변 당사자들 (peripheral parties)	• 갈등과 결과에 관심을 가지고 있지만 직접적으로 영향을 받지는 않는다. 이에 해당되는 이들은 미디어와 일반 대중으로서 갈등의 주변 당사자가 된다.

1) 공공갈등의 배경 원인

공공갈등의 핵심적인 배경 원인은 ① 정치적 요인, ② 경제적 요인, ③ 사회적 요인, ④ 구조적 요인 등으로 구분할 수 있다.

첫째, 공공갈등의 배경 원인에 있어 정치적 요인이란 공공정책이 새롭게 추진되거나 변경되는 과정에서 정치적 배경 및 요인에 의해 발생하는 것을 의미한다(Ripley, 1985). 특히 정부가 경제적 효율성이나 과학적 타당성 검토 및 사회적 합의가 이루어지지 않은 상태에서 정치적 상황논리에 의해 몇

몇 고위직 행정 관료와 전문가를 동원하여 공공정책을 졸속으로 수립하는 경우가 많다. 그렇지만 이러한 공공정책은 추진되는 과정에서 시민들의 반대에 부딪히게 되는 경우가 많다. 그럼에도 불구하고 정부가 '밀어붙이기식(DAD 방식)'으로 정책추진을 강행하게 되면 공공갈등이 발생하게 된다. 즉 정부가 내부적으로 정책이나 사업을 '결정(Decide)'하고 '발표(Announce)'하는 순간 반발에 부딪혀 '방어(Defend)'하기에 급급해하는 악순환을 거듭하게 된다. 이에 더하여 정치적 상황이 변화하여 정책의 정당성과 타당성의 문제가 대두되는 경우 이미 결정된 공공정책의 변화를 시도하는 과정에서 갈등이 발생하기도 한다(박형서, 2005).

DAD의 어원?

DAD는 원래 '아빠'(dad)란 뜻으로 가부장적 스타일을 빗대는 말이다. 아울러 컴퓨터 용어인 DaD(Drag and Drop)에서 따온 의미도 담고 있다. DAD 방식으로 공공정책이나 사업을 추진하게 되면 일이 빨리 성사되기는커녕 오히려 질질 끌거나(Drag), 취소하게(Drop) 된다는 의미도 담고 있다.

둘째, 공공갈등의 배경 원인에 있어 경제적 요인이란 사회의 경제제도나 경제적 상황에 의해 공공갈등이 발생하는 것을 말한다. 경제위기나 금융위기가 발생하면 민간부문의 소비 및 투자 위축으로 인하여 기업의 구조조정, 개인파산, 대기업과 중소기업 간의 대립으로 공공갈등이 발생하게 된다. 1996년 12월 노동법 개정, 2003년 이후 반복되고 있는 화물연대파업 등이 경제제도와 관련되어 공공갈등이 발생한 사례라고 할 수 있다.

노동법 개정 갈등(노동법 날치기 사건 갈등)

노동법 개정 갈등(노동법 날치기 사건 갈등)은 1996년 12월 26일 김영삼 정부에서 여당이었던 신한국당이 노동법 개정안을 날치기로 통과시키면서 발생한 갈등이다(이날 안기부법도 같이 날치기로 통과되었다). 당일 새벽 5시 50분부터 관광버스를 타고 있던 신한국당 의원들이 국회에 잠입하기 시작하여 새벽 6시에 157명의 신한국당 의원 중 국회의장 김수한

등 3명을 제외한 154명이 입장을 완료하였으며, 당시 국회의장이 현장에 없었기 때문에 오세응 국회부의장이 개회를 선언한 지 7분 만에 11개 법안을 통과시켰다. 이에 야당은 무효를 주장하고 강경대응에 나섰으며, 노동계가 전면 총파업에 들어가면서 본격적인 갈등이 시작되었다. 김영삼 정권이 약화되는 계기로 작용하였다.

쌍용자동차 갈등

쌍용자동차 갈등은 경영난에 빠진 쌍용자동차를 2004년 10월에 중국의 상하이자동차가 인수한 이후, 4년 만에 경영권을 포기하고 2009년 1월에 법정관리신청을 하면서 발생한 구조조정과 대량해고의 과정에서 노동자들의 고용안정을 위한 충분하고 세심한 조치가 생략되면서 시작되었다. 2009년 5월 22일부터 8월 6일까지 약 76일간 쌍용자동차 노조원들은 사측의 구조조정 단행에 반대하며 쌍용자동차 평택공장을 점거하고 격렬한 농성을 벌였고, 이 과정에서 공권력과 노조원들 간에 엄청난 물리적 충돌이 발생하였으며, 결과적으로 노동조합 지부장을 비롯한 64명의 노조원들이 구속되는 사태로 치달은 공공갈등이다. 점거농성 사태가 마무리된 이후에도 쌍용자동차 노조원이었던 24명이 자살이나 질환 등으로 사망하였으며, 해고 노동자들은 2013년 11월 쌍용자동차와 경찰이 파업 등으로 인해 손해를 입었다며 수원지방법원 평택지원에 제기한 손해배상 소송에서 46억 원을 배상하라는 판결을 받고 예금통장 등을 가압류 당하는 등 이중고를 겪었다.

또한 1997년 외환위기와 2008년 세계 금융위기 이후 한국사회에 불어 닥친 기업 구조조정 및 정리해고 과정에서 2009년 5월 발생한 쌍용자동차 갈등, 2010년 12월 발생한 한진중공업 갈등 등은 경제상황에 의해 발생한 공공갈등의 대표적인 사례라고 할 수 있다.

한진중공업 갈등

2010년 12월 15일 경영 악화를 이유로 한진중공업 측이 생산직 근로자 400명을 희망 퇴직시키기로 결정한 것에 반발하여 12월 28일부터 '정리해고 전면 철회'를 주장하며 농성을 벌이면서 시작된 한진중공업 파업 갈등은 2011년 1월 6일부터 민주노총 부산본부 지도위원이 한진중공업 내의 85호 크레인에서 고공농성에 들어가면서 확대되기 시작하였다. 그럼에도 한진중공업 측이 입장을 고수하자 2월 14일부터는 17호 크레인에서도 고공농성을 시작하였지만 5월 13일에는 기자회견을 통해 고공시위 종료를 밝히기도 하였다. 이후 6월 11일에는 16대로 구성된 '희망버스'가 한진중공업에 도착하여, 촛불행진 및 한진중공업 내 진입을 시도하였고, 그 결과 용역 직원 20여 명과 노조원 수십 명이 부상을 입었다. 5차까지 시도된 희망버스는 사회적으로 큰 반향을 불러일으켰으며, 2011년 11월 10일 노사 간의 합의로 85호 크레인에서의 농성이 종료되었다.

셋째, 공공갈등의 배경 원인에 있어 사회적 요인이란 민주화나 세계체제의 변화 등으로 인하여 공공갈등이 발생하게 되는 것을 말한다. 한국의 경우 1987년 민주화 이후 권위주의 체제에서 민주주의 체제로 전환되면서 시민들의 권리 및 참여의식이 향상되고 1989년 이후 탈냉전 및 세계화가 급격하게 진행되면서 다양한 유형의 공공갈등이 폭발적으로 분출한 것이 좋은 예라고 할 수 있다. 특히 권위주의 시기의 경제발전 위주의 개발정책을 지속하려는 측과 환경의 가치를 중요시 하고 환경을 보전하려는 측의 가치가 대립하면서 대규모 공공갈등이 발생하게 되었다. 갯벌 보전을 둘러싼 '새만금 방조제 건설 갈등', 강원도 영월군 등 동강지역 자연경관 보전을 둘러싼 '동강댐 건설 갈등' 등이 이러한 유형의 대표적인 공공갈등 사례라고 할 수 있다(임재형, 2016: 117).

새만금 방조제 건설 갈등

노태우 대통령 후보의 대선 공약에 의해 새만금간척사업의 1단계 사업으로 건설된 새만금 방조제는 1991년 11월 16일 착공한 후 19년의 공사기간을 거쳐 2010년 4월 27일 준공하였다. 방조제 길이 33.9km, 평균 바닥 폭 290m(최대 535m), 평균 높이 36m(최대 54m)로서 세계 최장 방조제로 알려진 네덜란드의 주다치 방조제(32.5km)보다 1.4km 더 길어 2010년 8월 2일 세계에서 가장 긴 방조제로 기네스북에 오르기도 하였다. 방조제 건설에 따라 전북 군산시 · 김제시 · 부안군 공유수면의 401㎢(토지 283㎢, 담수호 118㎢)가 육지로 바뀌었는데 이는 서울시 면적의 3분의 2에 이르는 면적이다. 간척지는 군산시, 부안군, 김제시가 법정 다툼까지 싸움 끝에 군산시 71.1%, 부안군 15.7%, 김제시 13.2%를 차지하게 되었다. 새만금 방조제 건설 갈등의 최대 쟁점은 1996년에 제기된 시화호 오염문제를 계기로 사회 · 환경단체 및 언론에서 새만금호의 수질오염을 우려하고 제2의 시화호 가능성을 제기하면서 시작되었다. 또한 간척사업이 진행되고 있는 새만금 갯벌은 군산시, 김제군, 부안군의 1개 시, 2개 군에 걸쳐 있으며, 이 지역은 간조 시 육지처럼 드러나는 지역으로 남북으로 약 35km, 동서로 약 30km 총면적 약 1,050㎡에 달하는데, 방조제가 건설되면 이러한 갯벌이 사라지게 될 것이라는 주장이 제기되면서 갈등이 더욱 증폭되기에 이르렀다.

동강댐 건설 백지화의 중요성

1957년 처음으로 댐 건설 가능성이 조사된 이후 본격적인 동강댐 건설계획은 1990년 홍수로 지역 주민 160여 명이 숨진 뒤 노태우 대통령의 지시로 시작되었다. 1996년 2월 21일부터 1997년 12월 15일까지 동강댐 기본설계 및 실시설계를 하면서 환경단체 및 지역 주민과 정부의 갈등이 본격적으로 시작되었다. 그러나 동강댐 건설은 2000년 3월 민관공동조사단의 조사를 바탕으로 2000년 6월 김대중 대통령이 백지화를 선언함으로써 끝을 맺게 되었고 갈등도 일단락되었다. 이에 대해 환경운동연합은 동강댐 백지화는 시민운동의 승리이며, 인간 중심의 사고에서 벗어나 인간과 자연이 공생해야 한다는 환경의식이 확산되고 시민 스스로 생태계를 지키기 위해 자발적인 실천을 했기 때문에 가능했다고 평가하였다. 이에 더해 동강댐 백지화는 공급위주의 자원정책을 수요관리 위주에서 재검토하는 사례라고 강조하였다.

넷째, 공공갈등의 배경 원인에 있어 구조적 요인이란 공공정책을 추진하는 과정에서 이해관계의 불균형에 따른 구조적 요인에 의해 공공갈등이 발생하게 되는 것을 의미한다. 비용과 편익의 불일치가 공공갈등을 발생시키는 것이다. 즉 공공정책으로 인한 편익은 다수의 사회구성원들이 함께 공유하는 반면, 이로 인한 피해는 특정 지역 또는 특정 계층의 소수에게 사익(私益)의 희생이라는 형태로 부담되는 '편익의 공유화(共有化)와 비용의 사유화(私有化)'라는 모순에 의해 공공갈등이 발생하는 것이다.

국민의 복지를 증진시킬 목적으로 공공서비스를 제공하는 공공시설은 특성상 지리적, 공간적 측면에 의한 입지선정의 문제가 발생할 개연성이 높다. 공공시설은 첫째, 비배제성(non-excludability)과 비경합성(non-rivalry)이라는 특성을 내포하고 있고(신희권, 2016: 223; Banzhaf, 2014: 1445; Case, 2008: 350; Rodrigues, 2012: 1031), 둘째, 공공시설은 외부효과 발생 가능성이 매우 높기 때문이다(채종헌 · 김은성, 2011: 16). 이러한 공공시설에는 선호시설과 비선호시설로 구분할 수 있는데, 문화시설과 같은 선호시설은 지역 내 혹은 지역 간 긍정의 외부효과(positive externality)를 발생시켜 지역 이미지 제고, 지역 및 개인 자산가치 증가, 관광효과, 고용창출 등 지역경제 활성화에 이바지하는 것으로 여겨짐으로써 '핌피갈등'을 유발할 정도로 서로 자

비배제성(非排除性)이란?

일단 재화의 생산과 공급이 이루어지고 나면 생산비를 부담하지 않은 경제주체라고 할지라도 소비에서 배제시킬 수 없는 특성을 의미하는데, 이를 배제불가능성(non-excludability)이라고도 한다. 경제학에서 이러한 특성을 가진 재화를 비배제성 재화라고 하며 치안 서비스, 국방 서비스 등이 이에 해당하고 이러한 재화는 그 특성으로 인해 '무임승차자(free-riding)'의 문제가 발생하고, 결국 '공유지의 비극'이 초래된다.

비경합성(非競合性)이란?

여러 사람이 함께 사용해도 경합(경쟁)이 붙지 않는 공공재의 특성, 즉 어떤 특정 공공재를 현재 쓰고 있더라도 다른 사람들도 이를 함께 사용할 수 있는 성질을 의미한다. 일반재(private goods)에는 한 사람이 재화를 소비하면 다른 사람은 그 재화를 소비할 수 없는 성질, 즉 경합성이 있으나 공공재는 이를 다른 사람들이 소비해도 자기의 소비에 아무런 지장을 받지 않는 성질, 즉 비경합성을 가지며, 도로 · 정보 등을 예로 들 수 있다. 따라서 일정한 양의 공공재가 생산되면 그 사회의 모든 사람이 그만큼의 공공재를 소비할 수 있게 되는 '등량소비' 또는 '공동소비' 현상이 발생한다.

반면, 비선호시설은 부정적 외부효과(negative externality)를 발생시켜 지역 이미지 훼손, 지역 및 개인 자산가치 하락 등 지역에 부정적인 영향을 미치는 것으로 여겨짐으로써 극단적인 '님비갈등'을 유발할 정도로 자기 지역에 건립되는 것을 극력 반대하면서 공공갈등의 원인으로 작용하고 있다. 비선호시설은 주민들의 기피 원인에 따라 크게 두 가지 유형으로 분류할 수 있다(Schively 2007). 첫째, 주민들의 삶의 질과 재산 가치에 영향을 미치는 시설로서 노숙자 쉼터, 중독자 치료시설, 교도소, 구치소, 소년원 등 교화시설, 임대주택 등 서민주택, 정신병원, 장례식장 등이 있다. 둘째, 환경과 건강에 잠재적으로 영향을 끼칠 수 있는 시설로서 발전소, 변전소, 쓰레기 및 방사성 폐기물 처리시설, 화장장 등이 있다.

2) 공공갈등의 쟁점 원인

공공갈등의 쟁점은 갈등을 유발시키는 가장 핵심적인 논의 사안이다. 공공갈등을 유발시키는 쟁점은 여러 가지 기준에 따라 다양하게 구분이 가능한데, 먼저 외국 학자들의 견해를 살펴보면, Deustch(1973)는 공공갈등의 쟁점을 중심으로 ① 자원갈등, ② 선호갈등, ③ 가치갈등, ④ 신념갈등 등으로 분류하였다. 다음으로 Lewicki와 그의 동료들(1992)은 쟁점의 종류를 ① 가치쟁점, ② 발달된 분배적 쟁점, ③ 안전 건강에 대한 위협의 쟁점 등으로 구분하였다. 또한 Kriesberg(1998)는 공공갈등이 되는 문제를 ① 이익갈등, ② 가치갈등으로 설명하였다. 마지막으로 Moore(1996)는 공공갈등의 원인을 기준으로 공공갈등의 내용을 ① 이해갈등, ② 가치갈등, ③ 관계적 갈등, ④ 데이터갈등, ⑤ 구조적 갈등 등으로 구분하였다.

다음으로 국내 학자들의 견해를 살펴보면, 김종호 외(2004)는 공공갈등의 원인을 중심으로 ① 이해관계 갈등, ② 가치관 갈등, ③ 사회관계 갈등, ④ 구조적 갈등 등으로 분류하였으며, 하혜영(2007)은 공공갈등의 쟁점을 중심으로 ① 이해관계 갈등, ② 가치갈등으로 구분하였다. 대통령자문 지속가능발전위원회는 공공갈등의 쟁점을 중심으로 ① 이해갈등, ② 가치갈등으로 구분했는데, 이해갈등이란 이익, 절차, 사실관계, 구조적 원인, 상호관계 등에 대한 당사자들 간의 사고의 차이에서 발생하는 갈등이며, 가치갈등이란 갈등 당사자들 간 이념과 가치관의 차이로부터 발생하는 갈등을 의미한다고 설명하였다. 박형서(2005)는 공공갈등의 원인에 따라 공공갈등의 쟁점을 ① 이해관계의 불균형, ② 가치인식의 차이, ③ 정책수립과정, ④ 시민사회의 성장과 참여구조로 구분하였다. 또한 하혜영 등(2007)은 공공갈등의 원인에 따른 쟁점으로 ① 이해관계 갈등, ② 가치갈등으로 구분하였다. 마지막으로 국무총리실(2009)은 중앙부처의 공공갈등을 갈등의 쟁점을 중심으로 ① 정책갈등, ② 이익갈등, ③ 입지갈등, ④ 노사갈등, ⑤ 개발갈등 등으로 구분하였다.

4. 공공갈등의 종류

1) 공공갈등의 유형별 분류

공공갈등의 유형은 쟁점을 중심으로 환경갈등, 이념갈등, 노동갈등, 지역갈등, 계층갈등, 교육갈등 등으로 분류할 수 있다.[3] 환경갈등은 대부분 환경문제를 둘러싸고 일어나는 갈등이며, 이념갈등은 보수와 진보 간 이념적 차이로 인해 발생되는 갈등이다. 노동갈등은 대부분 노사 간 관계로 인해 발생되며, 지역갈등은 지역 간(광역단체 간, 기초단체 간, 혹은 광역단체와 기초단체 간) 선호 시설 혹은 비선호 시설 건립문제나 경계선 획정 문제 등으로 인해 발생하는 갈등이다. 계층갈등은 다양한 사안, 예를 들어 의약분업 실시, 약사법 개정, 농/축협 통합, 도시 재개발 등에 대해 이해를 달리하는 집단들 간 혹은 정부와 집단 간 대립하는 경우로 정부는 당사자로 혹은 해결을 위한 제3자로 개입하게 되는 갈등이다. 교육갈등은 교육 이슈를 둘러싸고 발생하는 갈등을 말한다. 이러한 갈등을 유형별로 나누는데 있어 어려운 점은 이슈들을 상호 배타적(mutually exclusive)으로 구분하는 작업이 쉽지 않다는 점이다(가상준 외, 2009: 57).

2) 공공갈등의 종류별 분류

공공갈등의 종류는 갈등 당사자를 중심으로 민/민갈등, 민/관갈등, 관/관갈등 등으로 분류할 수 있다.

공공갈등은 앞의 개념 정의에서 살펴본 것처럼 이해관계를 둘러싸고 둘 이상의 행위 주체가 포함되게 된다. 갈등에 참여하는 당사자가 누구인지를 통

---

3 대통령자문 지속가능발전위원회는 갈등의 쟁점을 중심으로 산업갈등, 의료갈등, 교육갈등, 정치갈등, 환경갈등, 이념갈등 등으로 구분하기도 한다(대통령자문 지속가능발전위원회, 2005: 38).

해 갈등의 특징을 파악할 수 있는데 일반적으로 공공갈등의 주체는 정부와 민간이 된다. 공공갈등의 종류별 분류가 중요성을 띠는 것은 갈등 당사자가 민간인가 아니면 정부인가에 따라 공공갈등의 종류를 ① 민/민갈등 ② 민/관(관/민)갈등, ③ 관/관갈등으로 구분할 수 있기 때문이다. 이러한 분류는 공공갈등의 당사자가 정부와 민간 즉, 정부와 시민단체 혹은 주민 간 갈등인지, 아니면 시민단체 간 혹은 주민 간 갈등인지, 그리고 정부 간, 즉 중앙정부와 지방정부 혹은 지방정부 간 갈등인지 알 수 있는 기회를 제공한다. 공공갈등의 종류는 민주화의 발전에 따라 시민 및 시민단체의 개입이 증가하고 있는지 그리고 개발과 환경의 대립의 측면에서 정부와 시민단체와의 갈등은 어떠한 형태를 띠고 있는지 알 수 있는 기회를 제공한다.

3) 공공갈등의 성격별 분류

공공갈등은 갈등 당사자가 추구하는 목표가 경제적 이익(interest)인지 아니면 그들이 중요시하는 가치(value)를 표현하고 주장하기 위해서인지에 따라 성격이 파악된다.[4] 이를 기준으로 ① 이익/이익갈등, ② 이익/가치갈등, ③ 가치/가치갈등으로 구분하여 공공갈등의 성격을 파악해 볼 수 있다. 그런데 공공갈등의 성격을 구분하는 것은 갈등의 특징을 살피는 데 있어 가장 어려운 부분으로 당사자들이 경제적 이익을 위한 것인지 아니면 가치를 위한 것이지 뚜렷하게 구분하기 힘들기 때문이다. 특히, 갈등 당사자들이 전면에는 가치를 내세우고 있지만 실질적으로 경제적 이익을 추구하는 경우가 많기 때문에 분류를 하는데 있어 어려움이 더욱 크다. 그럼에도 불구하고 공공갈등은 성격에 따라 어떻게 관리하는 것이 좋은지 연계시켜 생각해 볼 수 있다

4 권영규(2006)는 갈등의 성격을 목표갈등, 권한갈등, 이익갈등으로 구분하고 있다. 특히 권영규는 갈등의 성격에 따라 갈등 관리전략 및 방법에 차이가 있다는 점을 발견하고 있다.

는 점에서 공공갈등의 성격 파악은 중요한 의미를 지닌다.[5]

4) 공공갈등의 종료방식

공공갈등은 어떠한 방식으로 분쟁이 종료되었는지에 따라 구분할 수 있다. 공공분쟁 종료방식은 독자적인 구분보다는 다른 갈등의 특징과의 연계성을 통해 – 예를 들어 갈등의 유형, 갈등의 종류, 갈등의 성격과 종료방식 – 알아볼 때 최종 갈등 종료방식이 가지는 중요성은 매우 크다. 공공갈등의 종료방식은 10가지로 나누어 구분하여 볼 수 있는데 ① 협상, ② 조정, ③ 중재, ④ 행정집행, ⑤ 주민투표, ⑥ 법원판결, ⑦ 진압, ⑧ 자진철회, ⑨ 소멸, ⑩ 입법이다. 이러한 열 가지 종료방식 중에서 협상, 조정, 중재를 대안적 분쟁해결(ADR : Alternative Dispute Resolution)제도라고 하며, 행정집행, 주민투표, 법원판결, 진압, 입법 등을 전통적 분쟁해결기법이라고 분류하고 있다.[6]

5) 공공갈등의 강도

공공갈등은 갈등이 얼마나 지속되었고 얼마나 많은 인원이 참여했는지 파악함으로써 갈등의 강도를 알아볼 수 있다. 앞선 내용과 달리 공공갈등을 몇 개의 범주로 구분할 수는 없지만 지속일과 참여인원에 대한 조사는 개별 공공갈등의 강도를 말해줌으로써 공공갈등 특징을 분석하는데 있어 중요한 의미를 부여한다. 갈등 지속일수 파악을 위해 갈등의 개시 시점과 종료 시점을

---

5 권영규(2006)는 목표갈등과 권한갈등의 경우 원천적 해소보다는 갈등이 확산, 증폭되는 것을 막는 것이 중요하며 이익갈등은 협상방식이 효과적인 갈등관리방식으로 작용한다는 점을 보여주고 있다.

6 김학린(2007)은 이에 더하여 Lewicki et al(1992)와 Moore(1986)의 연구를 중심으로 10가지 종료방식을 크게 3가지로 구분하고 있다. 첫째, 당사자 중심의 갈등해결 방식으로 여기에는 협상, 조정, 소멸이 속한다. 둘째, 공식적 제3자 개입에 의한 갈등해결 방식으로 여기에는 중재, 법원판결, 입법, 주민투표가 속한다. 셋째, 강제력에 의한 갈등해결 방식으로 여기에는 자진철회, 행정집행, 진압이 속한다.

파악하였는데 개시 시점은 갈등의 일방 당사자가 특정 사안들에 대해 어떤 요구나 행동을 조직하고 이를 다른 당사자가 거부하는 시점이 된다.[7] 분쟁 종료 시점은 분쟁 당사자들의 상호작용이 더 이상 진행되지 않게 되었을 때를 의미한다. 앞서 설명한 것과 같이 공공분쟁은 여러 가지 방식에 의해 종료될 수 있는데 당사자 간 대립이 중단되고 6개월간 아무런 대립적 상호작용이 진행되지 않는다면 분쟁이 종료된 것으로 간주한다.[8]

공공분쟁 참여자 수는 분쟁이 지속되는 기간 동안 참여한 전체 인원을 말한다. 분쟁에 참여한 수가 많을수록 단순하게 분쟁의 강도가 강하다고 말할 수는 없지만 분쟁의 특성을 파악하는 데 있어 매우 중요한 정보를 제공한다.

5. 한국사회 공공갈등 발생의 구조적 원인

한국에서 다양한 유형의 공공갈등이 분출하자 이를 부정적으로 비판하는 사람들은 한국을 '갈등공화국'이라고 혹평한다. 갈등이 발생되지 않는 사회나 국가는 없지만 한국사회에서 갈등 및 공공갈등이 빈발하는 것은 해방 이후 한국사회가 대립과 갈등의 역사를 지속해 왔기 때문이다. 이러한 대립과 갈등의 원인은 좌 · 우의 대립, 남북 분단과 6.25전쟁, 개발과 보전, 성장과 분배, 독재와 민주, 남북한 관계 등에 대한 서로 다른 시각, 이념, 가치, 이해관계 등이 충돌했기 때문이다.

그럼에도 불구하고 권위주의체제 하에서는 개발과 성장, 반공의 가치가 보

7 거부하지 않고 수락한다면 갈등으로 발전되지 않기에 갈등으로 취급할 수 없다.

8 만약 6개월이 지난 후 새로이 당사자 간 대립 등 상호작용이 발생하게 된다면 새로운 분쟁으로 취급한다.

전과 분배, 남북 간의 대화와 협력에 우선시 되면서 갈등은 표출되지 못하고 잠재되어 있었다. 그러나 1987년 민주화 이후 한국사회가 권위주의체제에서 민주주의체제로의 이행이라는 사회대변혁을 겪으면서 사회갈등이 폭발적으로 표출되기 시작하였다. 인권의 중요성이 강조되고 자원의 배분과 생산이 시장원칙과 민주성을 강조하는 방향으로 전개되면서 잠재해 있던 다양한 요구가 분출되기 시작하였고, 한국사회는 갈등의 시대를 맞이하게 된 것이다. 이러한 갈등의 수준 역시 개인적인 차원에만 머무르지 않고 집단이나 계층, 지역적 차원에 이르기까지 다양하게 전개되어 왔다.

한국사회 갈등의 수준과 관련하여 삼성경제연구소는 우리나라의 갈등 수준이 OECD 27개 국가들 중 종교갈등을 비롯하여 다양한 유형의 갈등을 겪고 있는 터키 다음으로 높은 수준이라고 발표하였다(삼성경제연구소 · 박준, 2013).[9] 삼성경제연구소는 사회갈등으로 인한 경제적 비용도 추산했는데, 우리나라의 경우 연간 약 82조 원~246조 원이라는 천문학적인 비용이 초래되는 것으로 분석되었다. 이와 더불어 사회갈등지수가 낮아지는 것과 1인당 국내총생산이 늘어나는 것 간에는 상관관계가 있는 것으로 나타났다. 한국의 사회갈등지수가 10% 낮아지면 1인당 GDP가 1.8~5.4% 높아지고 OECD 평균수준(0.44)으로 개선되면 7~21% 증가하는 효과를 가져 올 수 있다고 예측하였다.

한편, 한국사회는 1980년대 후반 민주화가 진행되면서 권위주의체제에서 잠재되고 억압되었던 이념갈등, 환경갈등, 노사갈등, 계층갈등, 지역갈등, 교육갈등 등 다양한 유형의 공공갈등이 분출되었다. 이와 관련하여 단국대

---

9 OECD 국가들의 민주주의 지수, 정부효과성 지수, 지니계수를 활용해 거시적으로 사회갈등을 비교한 것으로서, 거시지표 사용에 따른 연구의 한계를 감안하더라도 우리나라의 갈등이 매우 높은 수준이라는 추정은 가능하다.

학교 분쟁해결연구센터의 분석에 의하면 공공갈등은 매년 그 발생건수가 평균 2개씩 증가하고 있다(단국대학교 분쟁해결연구센터 공공분쟁 데이터베이스; 가상준 · 안순철 · 김강민 · 임재형 2014). 이처럼 한국사회에서 공공갈등이 증가하고 있는 구조적 원인을 국가, 시민사회, 국제체제의 세 가지 측면에서 살펴보면 다음과 같다.

1) 경제발전 제일주의 정책의 유산

한국은 국가주도의 경제발전전략을 채택하여 압축 성장을 이룩해 왔다. 특히 1960년대 이후부터 1980년대 후반까지 역대 정부는 경제발전을 최우선 과제로 설정하여 모든 사회 역량을 결집시키는 이른바 발전주의 국가(developmentalist state)의 모습을 보여주었다. 정부는 경제성장을 위해 민간부문 기업들의 활동을 적극적으로 견인해 내는 한편, 국가 자본(state capital)으로 사회간접자본 확충을 주도하였다. 또한 발전주의 국가체제하에서 정부는 사회간접자본 확충과 관련된 기획 업무를 수행하면서 그 집행을 담당하는 대규모 공기업들을 정부 산하에 설치하였다. 이 과정에서 정부 기능과 기구의 비대화 및 과잉 발달이 초래되었다.

다른 한편, 정부는 경제발전이라는 명목으로 대중의 정치참여와 경제적 배분에 대한 요구를 배제하였다. 이에 따라 억압기구는 강화되었고 권위주의적 지배체제가 공고화되었다. 이처럼 관료적 권위주위 국가(bureaucratic-authoritarian state)의 특징을 보여주었던 한국의 국가 성격은 발전주의 국가이면서 동시에 억압적, 권위주의적 국가였다고 규정할 수 있다(대통령자문 지속가능발전위원회 2004, 43).

1987년의 민주화 운동과 1988년 여소야대 정국이 형성되면서 한국 사회는 민주화로의 이행을 겪게 되었으며 국가기구가 지니고 있었던 억압적 성격이 크게 약화되었다. 특히 김영삼 정부, 김대중 정부, 노무현 정부를 거치면서 한국 사회는 급격하게 민주화, 다원화, 탈권위주의화 되었으며 시민사회 영역이 빠르게 성장하였다. 이에 따라 시민의 권리 의식과 정책 참여 욕구, 민주적 절차에 대한 요구는 크게 향상되었다. 그럼에도 불구하고 정부부문은 아직도 성장제일주의 시대의 관료주의적이고 권위주의적인 요소들이 잔존하고 있으며 성장과 발전은 국가 정책의 우선 과제로 설정되었다. 이로 인하여 정부정책에서 대규모 개발사업 위주의 발전 전략과 지속가능성을 위협하는 개발방식이 채택되었으며 이를 추진하는 과정과 방식이 권위주의 시대의 그것을 답습하는 양상을 보여주었다. 이에 따라 공공사업을 추진하는 과정에서 정부와 지방자치단체 및 공공기관과 개발지역 주민과의 공공갈등이 대폭 증가하게 되었다.

2) 시민사회의 압축적 성장

경제발전 제일주의를 표방했던 국가의 억압적 기제 속에서 조직과 활동이 위축되어 왔던 시민사회 부문은 1987년 민주화 운동 이후 급속하게 성장하였다. 이에 따라 시민단체들도 양적으로 빠르게 성장하였으며 이전까지 소수의 시민단체와 관변단체들이 이끌어 왔던 시민운동을 주도하게 되었다. 특히 1987년 이후 1990년대 중반까지 새로이 등장한 시민단체들이 주로 개혁지향적인 진보세력들에 의해 주도되었던 반면에 1990년대 중반 이후에는 보수적인 시민단체들도 출현하기 시작하면서 시민운동이 분화되기 시작하였다. 이처럼 압축적으로 빠르게 성장한 시민사회 부문은 공공갈등이 급격하게 증가되는 요인으로 작용하게 되었다. 이를 두 가지 측면에서 살펴보면 다음과 같다.

첫째, 1987년 이후 새롭게 출현한 시민운동단체들은 이전과는 크게 다른 참여, 분배, 경제정의, 환경, 생태, 생명, 반핵, 평화, 양성 평등, 연대 등의 가치를 표방하였다. 이러한 새로운 가치들은 권위주의 사회와 성장제일주의

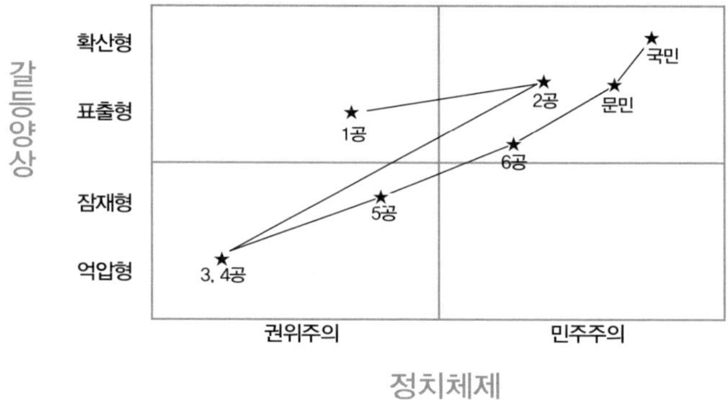

자료: 지속가능발전위원회(2014).

〈그림 2-1〉 한국사회 정치체제와 갈등 추이

정책 속에서 내재되어 왔던 기존의 가치들과 충돌하게 되었으며 이로 인하여 공공갈등이 폭발적으로 증가하게 되었다.

둘째, 한국사회의 민주화, 다원화로 인하여 시민사회가 활성화되면서 지역 주민과 이익집단의 정책 참여 요구도 크게 증대되었다. 일반적으로 시민운동단체들은 불특정 다수의 이익, 즉 공익을 대변한다. 그러나 특정 지역의 주민조직(grassroots organization)과 이익집단은 주로 특정 지역과 특정 집단의 이익을 대변한다고 할 수 있다. 또 다른 측면에서 시민운동은 주로 가치갈등의 당사자가 되는 반면에, 주민조직과 이익집단은 이익갈등의 당사자가 되는 경향을 보이고 있다.

새만금사업 갈등이나 평택 미군기지 확장 갈등 및 천성산 터널 건설 갈등 등의 사례에서처럼 주로 공공사업과 관련된 공공갈등의 경우 주민조직은 시민운동단체와 함께 갈등의 당사자가 된다. 또한 주민조직은 '느슨하게 짜여진' 비전문적 '풀뿌리' 조직이지만, 이들이 참여하는 갈등의 강도(intensity)가 그렇지 않은 갈등에 비해 높게 난다. 이는 주민조직은 시민운동단체와 비교하여 동원 에너지 수준이 높고, 시민운동단체들은 주민조직에 비하여 정보수준이 높기 때문이다(대통령자문 지속가능발전위원회 2004, 46).

한편, 이익집단은 주로 법규의 제정이나 개정, 공공정책의 시행과 관련된 갈등에서 당사자가 된다. 대표적인 사례로서 의약분업을 둘러싼 공공갈등에서 알 수 있듯이 공공정책 수립 및 변경과 관련해서 단체 구성원의 이익을 신장시키려고 하는 이익집단의 활동은 더욱 활성화될 가능성이 있으며, 이로 인하여 공공갈등도 더욱 증가할 것이다.

3) 국제질서의 변화와 세계화의 급속한 진행

1990년대 탈냉전과 함께 전 세계적으로 세계화가 급속하게 진행되면서 국제체제는 큰 변화를 겪게 되었다. 특히 1995년 WTO체제의 출범, 한국정부의 OECD 가입, 1997년의 IMF 금융위기를 겪으면서 우리나라도 개방화와 자유화의 세계적 추세에 동참하게 되었다. 이러한 국제체제의 변화에 따른 요구와 이에 적응하기 위한 국가와 시장 측의 노력은 새로운 공공갈등의 발생 요인으로 작용하게 되었다. 마늘 · 쌀시장 개방, 공기업 민영화, FTA협상 등의 과정에서 발생한 공공갈등은 대표적인 사례라고 할 수 있다.

다른 한편 탈냉전은 정치 · 군사적 측면에서 국제체제의 변화를 가져오게 하였다. 이 과정에서 미국의 세계전략 변화와 주한 미군의 성격 및 임무 변경 등은 우리 사회의 갈등 구조와 양상에 상당한 영향력을 행사하고 있다. 주한 미군과 관련된 각종 갈등은 물론, 이라크 파병, 평택 미군기지 확장 갈등 등이 대표적인 사례라고 할 수 있다. 또한 남북관계의 급속한 진전과 후퇴는 남한 사회에서 새로운 공공갈등의 요인으로 작용하고 있다. 남북관계와 관련한 공공갈등은 이념갈등이 주를 이루는데 맥아더 동상 철거 갈등, 국가보안법 개 · 폐 관련 갈등 등이 대표적인 사례라고 할 수 있다.

6. 공공갈등 해결방법

공공갈등을 발생시키는 원인이 다양한 것처럼 공공갈등 해결도 여러 가지 방법이 시도되고 있다. 공공갈등 해결방법에 관한 다양한 논의와 이해는 여러 가지 갈등해결 방안들을 비교분석함으로써 공공갈등을 사전에 예방하거나 공공갈등의 발생했을 때 공공갈등 해결에 필요한 전략을 마련하는 데 도움이 되기 때문이다.

공공갈등 해결방법은 갈등해결이 지향하고자 하는 목적에 따라 다양하게 유형화 또는 분류가 가능하다. 이에 대한 다양한 연구를 종합하면 ① 정책조정적 측면, ② 행정관리적 측면, ③ 저항관리적 측면, ④ 조직개입 여부, ⑤ 갈등의 주체, ⑥ 갈등주체 및 법적 개입 여부, ⑦ 갈등의 관리기반, ⑧ 전통 · 대체 활용 측면 등으로 구분할 수 있다(국무총리실 · 한국행정연구원, 2011:

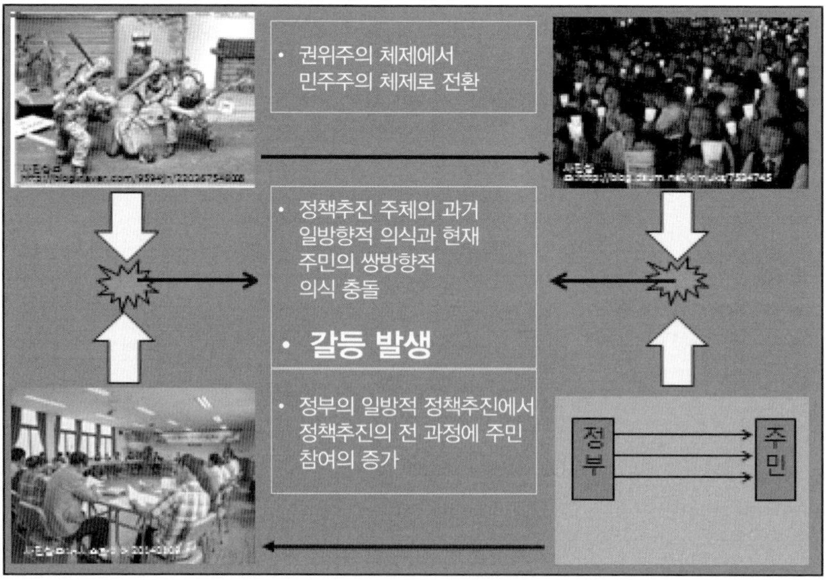

〈그림 2-2〉 한국사회 공공갈등 발생원인

33). 이러한 각각의 갈등해결 방법을 첫째, 행정 및 정책적 해결방안, 둘째, 갈등주체 및 개입에 따른 해결방안, 셋째, 대안적 수단에 따른 해결방안으로 구분하여 살펴보면 다음과 같다.

1) 행정 및 정책적 해결방안

공공갈등 해결방안에 있어 행정 및 정책적 해결방안은 첫째, 정책조정적 측면에 따른 갈등해결 방법, 둘째, 행정관리적 측면에 따른 갈등해결 방법, 셋째, 저항관리적 측면에 따른 갈등해결 방법 등을 포함하고 있다.

첫째, 정책조정적 측면에 따른 갈등해결 방법은 ① 분석적(능률성의 논리) 조정, ② 정치적(정당성의 논리) 조정으로 나누어 설명할 수 있다(이종범, 1986; 박정택, 2004). 먼저, 분석적 조정은 달성하고자 하는 정책목표를 실현하는 최선의 대안을 조정과정을 통해 선택하는 것으로 최선의 정책을 산출해 내고자 하는 목적 지향적 조정이다. 즉 조정의 궁극적인 목표 또는 이를 보다 구체화한 정책선택의 기준을 만들어 다수의 대안을 탐색하고 대안들의 결과를 예측한 후에 최선의 정책을 산출해내는 과정이라 할 수 있다.

다음으로 정치적 조정은 정책 참여자들 간의 정치적 행위에 의해 정책이 선택되어지는 것을 의미한다. 정책조정에 참여하는 당사자들은 서로의 가치, 목표 또는 선호나 이해관계 등이 다르므로 공통된 목표나 정책선택의 기준에 관하여 합의를 이루기가 어렵다. 다만 합의를 볼 가능성이 있는 부문은 결정의 방법에 있다. 따라서 정치적 조정은 한쪽의 의사나 의견이 다른 쪽의 의사나 의견보다 우월하게 취급되어 다른 한쪽의 의사대로 정책조정이 이루어지는 경우나, 서로 대등한 갈등 당사자들 간에 경쟁과 협상을 통해 조정이 이루어지는 경우, 그 외에 이들 중간의 유형에 따라 조정이 이루어진다. 그 예로 설득, 위협, 상호간의 타협 등 협상을 통하거나 제3자의 개입에 의해 갈등을 조정한다. 또 갈등 상황을 공개하거나 공청회나 학술토론을 통한 정보제공 및 시민교육도 갈등해결의 방법이 될 수 있다.

둘째, 행정관리적 측면에 따른 갈등해결 방법은 ① 관리적 접근방법, ② 법적 접근방법, ③ 정치적 접근방법 등으로 구분하여 설명할 수 있다(Rosenbloom et al., 2015). 먼저, 관리적 접근방법은 효율적이고 효과적인 갈등해결 기제로서 경제적 측면을 통한 갈등해결 방법을 강조한다. 다음으로 법적 접근방법은 헌법적인 고결성, 적법절차의 중시, 실제적 권리의 보장 등을 통한 갈등해결의 방법을 중요시한다. 마지막으로 정치적 접근방법은 갈등해결의 방법으로 대표성과 책임성의 가치를 우선시한다.

셋째, 저항관리적 측면에 따른 갈등관리 방법은 ① 강제적 전략, ② 규범적 · 사회적 전략, ③ 공리적 · 기수적 전략 등으로 나누어 설명할 수 있다(임동진, 2010). 먼저, 강제적 전략은 정책 추진자가 강제적 권력에 의하여 제재를 가하고 위협을 가하거나 계서적 권한을 통한 명령, 인사, 긴장 고조 등의 방법으로 저항을 관리하는 방법이다. 이에 비해 규범적 · 사회적 전략은 상징조작과 사회적 · 심리적 지지를 통해 자발적 협력과 정책의 수용에 적극 가담하게 하려는 의도를 가지고 있다. 마지막으로 공리적 · 기술적 전략은 관련자들의 이익침해를 방지하거나 보상하고 정책추진과정의 기술적 요인을 조정함으로써 저항을 극복하거나 회피하는 전략이다

2) 갈등주체 및 개입에 따른 해결방안

공공갈등 해결방안에 있어 갈등주체 및 개입에 따른 해결방안은 첫째, 조직개입 여부에 따른 갈등해결 방법, 둘째, 갈등의 주체에 따른 갈등해결 방법, 셋째, 갈등주체 및 법적개입 여부에 따른 해결방법 등을 포함하고 있다.

첫째, 조직개입 여부에 따른 갈등해결 방법은 ① 개입적 접근방법(intervention approach), ② 비개입적 접근방법(non–intervention approach)으로 구분하여 설명할 수 있다(March & Simon, 1959). 먼저, 개입적 접근방

법은 조직이 갈등에 개입하여 무마(smoothing), 강압(repressing), 관심전환(detracting)의 전략을 활용하는 방법이다. 다음으로 비개입적 접근방법은 조직이 갈등에 개입하지 않고 갈등 당사자에게 맡겨 문제해결과 설득, 협상 및 전략적 행동(politics)의 전략을 활용하는 방법이다.

둘째, 갈등의 주체에 따른 갈등해결 방법에 있어 Gladwin(1987)은 갈등을 해결하는 주체에 따라 ① 갈등 당사자들에 의한 자율적인 해결방식(private resolution mechanism), ② 공적 해결방식(public resolution mechanism), ③ 제3자에 의한 해결방식(third party resolution mechanism) 등 세 가지 유형으로 구분하고 있다. 또한 Ross(1993)는 갈등 주체에 따라 ① 독자적 갈등해결 방식, ② 연합적 갈등해결 방식, ③ 제3자에 의한 갈등해결 방식 등으로 분류하였다.

먼저, 갈등 당사자 및 독자적 해결방식은 우월한 권력을 소유하고 있는 개인 혹은 집단이 상대방과의 협력을 통하지 않고 자신의 이익을 진전시키거나 갈등을 주도적으로 해결하는 방법이다. 다음으로 공적 또는 연합적 갈등 해결방식은 갈등의 당사자들이 상대방을 상호 인정하여 갈등해결에 함께 참여하여 갈등해결을 위해 노력하거나 제3자가 중재, 조정, 협상 등을 지원해 주는 방식이다. 마지막으로 제3자에 의한 해결방식은 갈등의 당사자들이 아닌 중립적인 제3자가 개입하여 갈등을 해결하려는 방식을 의미한다.

셋째, 갈등주체 및 법적개입 여부에 따른 갈등해결 방법은 ① 갈등 당사자 간 해결방식, ② 사적 제3자 해결방식, ③ 법적(공적) 제3자 해결방식, ④ 법 외적 강제적 해결방식 등으로 나누어 설명할 수 있다(Moore, 2003).

먼저, 갈등당사자 간 해결방식에는 갈등 회피, 비공식적 토론 및 문제해결, 협상, 조정 등이 있으며, 다음으로 사적 제3자 해결방식에는 행정적 결정, 중재 등이 있다. 또한 법적(공적) 제3자 해결방식에는 사법적 결정, 입법적 결정이 있고, 마지막으로 법 외적 강제적 해결방식에는 비폭력적 직접 행동, 폭력 등이 있다.

제3자에 의한 갈등해결 방식의 종류

① **조정**(mediation): 조정은 제3자가 갈등 이해 당사자들의 의견을 청취하여 갈등해결을 위한 대안을 제시함으로써 갈등해결을 유도하는 대체적 분쟁해결제도(ADR: Alternative Dispute Resolution)로서 이해 당사자들이 서로 우호적인 관계를 유도함으로써 서로 간의 이해관계가 반영된 융통성 있고 창의적인 갈등해결을 유도할 수 있는 장점이 있다. 그러나 조정안의 구속력이 없어 당사자들이 이를 수용하지 않을 경우 효과가 없는 것이 한계점이다.

② **중재**(arbitration): 중재는 갈등이 발생할 경우 제3자나 외부의 중재기관이 중재합의 또는 중재조항을 기초로 당사자의 의견과 주장을 청취하여 판정을 내리는 갈등해결방식으로서 중재는 당사자 간 합의를 유도할 수 있는 여지를 부여하면서 동시에 최종적 단계에서는 중재판정을 통하여 구속적인 갈등해결을 기할 수 있는 장점이 있다. 그러나 당사자들이 처음부터 중재조항이나 중재계약에 합의하지 않거나 중재과정에 협력하지 않을 경우에는 원천적으로 원만한 합의를 이루지 못하는 한계가 있다.

③ **알선**(conciliation): 알선은 제3자의 전문적 감정의견을 받아 이를 토대로 합의에 도달하는 것으로서 조정이나 중재에 이루어지는 과정 속에 포함되어 진행되는 경우가 대부분이라고 할 수 있다.

3) 대안적 수단에 따른 해결방안

공공갈등 해결방안에 있어 대안적 수단에 따 른 해결방안은 첫째, 갈등의 관리기반에 따른 갈등해결 방법, 둘째, 전통 • 대체 활용 여부에 따른 갈등해결 방법으로 나누어 설명할 수 있다.

첫째, 갈등의 관리기반에 따른 갈등해결 방법은 ① 권력기반 접근방법, ② 권리기반 접근방법, ③ 이익기반 접근방법 등으로 나누어 설명할 수 있다(Ury, et. al., 1988). 먼저, 권력기반 접근방법은 권력을 이용하여 다른 상대방의 결과를 강제하도록 하여 갈등을 해결하는 전략이며, 다음으로 권리기반 접근방법은 규칙에 따른 접근방법으로 법, 계약, 협상문 등을 통한 갈등해결 전략이다. 마지막으로 이익기반 접근방법은 개인들 혹은 집단의 요구(needs), 관심, 바램 등을 활용하는 갈등해결 전략이다.

둘째, 전통 · 대체 활용여부에 따른 갈등해결 방법은 ① 독자적 관리 및 사법적 판결 방식에 의거한 전통적 갈등해결 방법(conventional approach), ②

협상 · 조정 · 중재 등의 대체적 갈등해결 방법(alternative approach)으로 구분하여 설명할 수 있다(Carpenter & Kennedy, 2001). 먼저, 독자적 갈등해결 방법은 권력을 가진 갈등당사자 한쪽이 주도적으로 갈등을 해결하는 방법이며, 다음으로 사법적 판결방법은 사법기관의 강제적 결정에 따른 갈등해결 방법을 의미한다. 마지막으로 대체적 갈등해결 방법은 전통적 방법의 문제점을 보완하기 위한 것으로 판결과 같은 사법적 절차를 사용하지 않고 갈등을 해결하는 방법이다. 대체적 갈등해결방법에는 ① 당사자가 절차와 결과에 대해 통제를 할 수 있는 협상, ② 제3자가 개입하는 조정 또는 중재 등이 있다.

토론 사항	• 한국사회에서 공공갈등의 발생이 급격하게 증가하게 된 원인은 무엇인가 • 공공갈등의 정치화, 이념화의 원인과 이를 방지하기 위한 방안은 무엇인가? • 공공갈등의 원인으로서 NIMBY, PIMFY 등 지역이기주의의 해소 방안은 무엇인가? • 공공갈등 관리를 위해 시민의식이 어떻게 변화되어야 하는가?

참고문헌

가상준 · 안순철 · 임재형 · 김학린(2009), 「한국 공공분쟁의 현황 및 특징: 1990-2007」, 『한국정치학회보』 43-2: 51-88.

강신겸(1996), 「혐오시설의 입지갈등과 합리적인 해소방안」, 삼성경제연구소.

강영진(2000), 『갈등분쟁 해결 매뉴얼』, 성공회대학교.

국무총리실(2010), 『09년도 부처 갈등관리실태 점검 · 평가 경과』.

권영규(2006), 「갈등성격과 갈등관리전략에 관한 연구: 청계천 복원사업에 나타난 갈등해결과정을 중심으로」, 『한국사회와 행정연구』 17-2: 159-189.

김종호 · 이창훈 · 신창훈(2004), 「환경분야 갈등 유형 및 해결방안 연구」, 한국환경정책 · 평가연구원.

김학린(2007), 「한국 공공분쟁해결 양상에 대한 경험적 연구」, 2007년 한국정치학회 춘계학술회의 발표문.

대통령자문 지속가능발전위원회(2004), 『갈등관리시스템 구축방안 연구보고서』, 지속가능발전위원회연구보고서(2004-9).

대통령자문 지속가능발전위원회 편(2005), 『공공갈등관리의 이론과 기법 上』, 논형.

박형서(2005), 「국책사업 사회갈등의 원인과 특징」, 국토연구원.

박정택(2004), 「부처간 정책갈등과 조정에 관한 연구: 과학기술기본법 제정과정을 중심으로」, 고려대 박사학위논문.

신창현(2005), 「갈등영향분석 이렇게 한다」, 예지.

신희권(2016), 「소비자잉여 분석으로 본 '무임승차의 비극」, 『한국정책학회보』 25-1: 221-236.

이종범(1986), 「국민과 정부 관료제」, 고려대학교 출판부.

임동진(2010), 「중앙정부의 공공갈등관리 실태분석 및 효과적인 갈등관리 방안 연구」, 한국행정연구원.

임재형(2008), 「비선호시설건설 관련 공공분쟁의 특징에 관한 경험적 연구」, 『정치정보연구』 11-1: 1-23.

임재형(2016), 「한국사회 환경갈등의 발생원인과 특징에 관한 연구」, 『분쟁해결연구』 14-2: 109-136.

장현주(2008), 「공공갈등의 원인과 이해관계 분석: 문화재관람료 징수 갈등 시례를 중심으로」, 『한국정책과학학회보』 12-3: 29-54.

전주상(2000), 「비선호시설 입지갈등요인에 관한 연구: 노원,목동,강남 쓰레기소각장 건설사례의 비교분석」, 『한국사회와 행정연구』 11-2: 275-295.

정규호(2007), 「환경갈등에 대한 거버넌스적 접근의 함의와 과제: 시화지역과 굴포천 유역 '지속가능발전협의회'의 경험」, 『동향과 전망』 71: 114-152.

정지범 · 은재호 · 최유진(2011), 「주요 공공시설 입지갈등 해소방안 연구」, 국무조정실 · 한국행정연구원.

지속가능발전위원회(2014), 「갈등관리시스템 구축방안 연구보고서」

채종헌 · 김은성(2011), 「주요 공공시설 비선호 인식전환 방안」, 국무조정실 · 한국행정연구원.

최용규 · 오정석(2004), 「공공시설의 명칭결정과 갈등관리에 관한 연구」, 『부동산학보』 23: 17-29.

하혜영(2007), 「공공부문 갈등해결에 미치는 영향요인 연구」, 서울대학교 대학원 박사학위논문.

하혜영 · 이달곤(2007), 「한국 공공갈등의 발생과 해결: 1995~2006년까지 갈등사례를 중심으로」, 『한국정책학회보』 16-4: 329-356.

Banzhaf, H. Spencer(2014), "The Market for Local Public Goods," Case Western Reserve Law Review. 64-4: 1441-1480.

Carpenter, Susan. L. & Kennedy, W. J. D.(2001), *Managing Public Disputes: A Practical Guide for Professionals in Government, Business and Citizen's Groups*, San Francisco, CA.: Jossey-Bass.

Case, Karl E.(2008), "Musgrave's Vision of the Public Sector: The Complex Relationship between Individual, Society and State in Public Good Theory," Journal of Economics & Finance. 32(4): 348-355.

Deutsch, Morton(1973), *The Resolution of Conflict*, New Haven, CT.: Yale University Press.

Dukes, E. Franklin(2006), *Resolving Public Conflict: Transforming Community and Governance*, Manchester, UK.: Manchester University Press.

Gladwin, Thomas N.(1987), "Patterns of Environmental Conflict over Industrial Facilities in the United States, 1970-78." in in Robert W. Lake, *Resolving Locational Conflict*, New Jersey: The State University of New Jersey Press.

Holtermann, S. E.(Feb., 1972), "Externalities and Public Goods," Economica, New Series. 39-153: 78-87.

Kriesberg, Louis(1998), *Constructive Conflicts: From Escalation to Resolution*, Lanham, Maryland: Rowman & Littlefield.

Lewicki, Roy J., Weiss,, Stephen E., Lewin, David(1992), "Models of Conflict, Negotiation and Third Party Intervention: A Review and Synthesis," Journal of Organizational Behavior. 13-3: 209-252.

March, James. G. & Simon, Herbert. A.(1958), *Organization*, New Jersey: John Wiley & Sons Inc.

Moore, Christopher W.(1986), *The Mediation Process: Practical Strategies for Resolving Conflict*, San Francisco: Jossey-Bass.

Moore, Christopher W.(1996), *The Mediation Process: Practical Strategies for Resolving Conflict, 2nd edition*, San Francisco: Jossey-Bass Publishers.

Lan, Zhiyong(1997), "A Conflict Resolution Approach to Public Administration," Public Administration Review. 57-1: 27-35.

Ripley, R. B.(1985), *Policy Analysis in Political Science*, Chicago: Nelson-Hall.

Rodrigues, João.(2012), "Where to Draw the Line between the State and Markets? Institutionalist Elements in Hayek's Neoliberal Political Economy," Journal of Economic Issues. 46-4: 1007-1033.

Ross, Marc H.(1995), *The Management of Conflict: Interpretations and Interests in Comparative Perspective*, New Haven, CT.: Yale University Press.

Rosenbloom, David H. and Kravchuk, Robert S. and Clerkin, Richard M.(2015), P*ublic Administration: Understanding Management, Politics, and Law in the Public Sector, 8th edition*. McGraw-Hill.

Schively, C.(2007), "Understanding the NIMBY and LULU Phenomena: Reassessing Our Knowledge Base and Informing Future Research," Journal of Planning Literature. 21-3: 255-266.

Stephenson, M. O. and Pops, G. M.(1989), "Conflict Resolution Methods and the Policy Process," Public Administration Review. 49(Sept./Oct.): 463-473

Ury, W. L., Brett, J. M. and Goldberg, S. B.(1988), *Getting Disputes*

Resolved: Designing Systems to Cut the Costs of Conflict, San Francisco: Jossey-Bass.

3 공공갈등 관련 법 · 제도 현황

학습 목표	• 공공갈등 관련 법제의 의미와 필요성에 대해 알아본다. • 주요국 공공갈등 관련 법제에 대해 분석한다. • 한국의 공공갈등 관련 법제 현황을 알아본다. • 한국의 공공갈등 관련 법제의 개선방안에 대해 탐색한다.

1. 머리말

민주사회는 자신의 이익 추구를 위한 노력과 이로 인한 의견의 충돌을 하나의 사회현상으로 자연스럽게 받아들인다는 특징을 갖고 있다. 이는 사회 곳곳에서 갈등이 손쉽게 표출될 수 있는 여건을 제공한다. 이러한 의미에서 민주사회는 갈등 표출을 억압함으로써 갈등을 관리하기 보다는 말미암아 표출된 갈등을 민주적 원리와 법 · 제도적 틀 안에서 해결하도록 하는 곳이 중요하게 된다.

통상, 한 사회의 갈등수준은 그 사회의 갈등표출 기회에 그 사회가 가지고 있는 갈등관리능력으로 나눈 값으로 표현될 수 있다. 예컨대 독재국가는 갈등의 표출기회를 억압함으로써 사회의 갈등수준을 통제하는 반면, 민주국가는 갈등의 표출기회를 강압적으로 통제할 수 없기 때문에 사회의 갈등관리능력을 제고함으로써 사회의 갈등수준을 관리할 수밖에 없다.

현재 한국사회가 공공갈등으로 많은 사회적 비용을 지불하고 있는 배경에는 우리 사회가 급격히 민주사회로 전환되어 갈등표출 기회가 보다 자유로워 진 것에 비해 우리 사회의 갈등관리능력은 상대적으로 낮은 수준에 머물러 있기 때문이다.

한국사회 공공갈등 현실에 대한 실증적 연구에 의하면, 그 특징은 다음과 같다. 1) 갈등의 빈번한 발생보다는 공공갈등 해결의 지체, 즉 갈등의 장기화 현상이 두드러지고 있는데 반해, 2) 갈등의 장기화를 방지할 수 있는 조정이나 중재와 같은 대안적 갈등해결방법(ADR, Alternative Dispute Resolution)의 사용빈도가 낮고, 3) 공공갈등의 주요 당사자인 정부(지방정부, 공공기관 포함)의 갈등관리 능력은 여전히 낮은 수준에 머물고 있다는 점이다 (김학린, 2010). 한국사회가 갈등수준을 합리적으로 수준에서 관리 가능케 하기 위해서는 우리 사회의 갈등관리능력을 제고하는 것이 핵심 과제라 할 수 있는바, 특히 공공갈등 관리능력을 실효적으로 제고하기 위해서는 공공갈등 관련 법 · 제도의 합리적 개선 및 도입이 필수적이다.

2. 공공갈등 관련 법 · 제도의 의미와 필요성

1) 공공갈등관리에 대한 다양한 접근

공공갈등을 합리적으로 관리하기 위한 접근법에는 문화적 · 행태적 접근, 법제도적 접근 그리고 체제론적 접근 등으로 구분될 수 있다(박재창, 2004). 우선, 문화적 · 행태적 접근이다. 이 접근법은 합리적으로 갈등을 해결하려는 문화의 부재, 시민사회의 부재 또는 시민의식의 부재나 리더십의 부재가 취약한 갈등관리역량을 야기한다고 본다. 따라서 시민사회나 국가의 갈등관리능력을 향상시키기 위해서는 정치사회 및 시민사회의 신뢰수준을 제고하고, 리더십이나 전문성을 배양하여 갈등해결문화를 개선해 나가야 한다고 주장한다. 권력(power)이나 권리(right)에 근거한 갈등해결문화가 아닌 이익(interest)에 기반하여 합리적으로 갈등을 해결하고자 하는 정신에 입각한 대안적 갈등해결제도(ADR)의 확산, 시민과 정부의 협력적 거버넌스(Governance) 체제의 활성화, 전문가 양성 등을 대안적 방법으로 제시하고 있다.

다음으로는 법제도적 접근으로, 이 접근법은 국가나 사회의 취약한 갈등관리능력은 갈등관리제도 자체가 전혀 존재하지 않거나 비합리적으로 설계되어 있는 것에서 비롯된 것으로 파악한다. 결국 이 접근법은 보다 합리적인 제도를 구축하여 갈등관리능력을 보완하는 것을 갈등관리를 위한 처방으로 인식한다. 우리 사회가 공공갈등으로 인한 사회적 비용이 너무 많이 지불되고 있다는 문제의식, 구체적으로 정부의 갈등관리능력이 부재하다는 문제의식에 기초하여 2006년도에 가칭'갈등관리기본법' 제정을 위해 입법예고된 것이 있었으나 무산된 이후 지금도 이 법의 제정이 필요하다는 견해가 지배적이다(심준섭, 2012). 실제로 제도의 도입이나 변경이 갈등을 완화하기도 하고 증폭하기도 한다는 연구가 제시되고 있는바, 이혼숙려제도의 도입과 이혼율의 저하 간에 높은 상관관계가 있다는 연구들에서 알 수 있듯이 합리적 제도의 도입이 갈등의 수준을 제도적으로 완화시킬 수 있음을 보여주는 사례라 할 것이다(임병인, 2013). 반면 2015년 국민대통합위원회가 현행 법 · 제도 중 갈등을 유발하는 법을 알아본 결과 택지개발촉진법이 대표적인 갈등유발법으로 지적되기도 하였다(국민대통합위원회, 2015).

마지막으로 체제론적 접근법은 보다 근본적으로 문제를 제기하는바, 대부분의 나라들에서 채택하고 있는 대의민주주의 체제 자체가 갖고 있는 한계와 결함이 그 사회나 국가의 갈등관리능력을 취약하게 만든다고 본다. 일반적으로 대의민주주의는 선거를 통해 대리인을 선출하고 이 대리인으로 하여금 시민(주민)들의 이해를 대변 또는 조정하도록 하는데, 여기서는 문제는 대리인과 대리인을 선출한 시민(주민)들의 이해관계가 반드시 일치하지 않는다는 것이다. 특히 민주화, 정보화, 세계화 등 시민사회의 변화가 빠르게 진행되고 있는 현대사회의 특성을 감안해 볼 때 이러한 불일치는 더욱 빈번히 일어나고 있다. 체제론적 접근은 대의민주주의 이러한 결함을 보완해야 사회의 갈등관리능력이 제고될 수 있다고 주장한다. 참여 민주주의적 요소 또는 노사정위원회와 같은 사회적 합의주의, 공론조사와 같은 다양한 숙의 민주주주적 요소 등을 가미하여 보완해야 하며, 주민투표와 같은 직접 민주주의적 요소 또한 효과적으로 적용되어야 그 사회나 국가의 갈등관리능력이 제고된다고 파악한다.

그러나 이러한 구분은 단순히 유형화를 위한 구분일 뿐, 한 사회의 갈등관리능력을 제고하기 위해서는 하나의 접근법만 고집해서는 안되며, 다양하고도 복합적인 노력이 필요하다.

2) 공공갈등 관련 법 · 제도의 의미

물론 사회의 갈등관리능력을 제고하기 위해서는 문화적 · 행태적 개선, 법 · 제도적 개선, 체제론적 개선 등 다양한 노력이 있어야 한다. 그러나 많은 전문가들이나 연구자들은 법 · 제도적 개선이 일차적으로 선행되어야 한다는 판단 하에 갈등관리 능력 제고를 위한 노력을 법 · 제도적 개선에 초점을 맞추는 경우가 많다(나태준, 2004). 일반적으로 대의민주주의를 보완하는 것이나, 문화적 · 행태적 접근법을 통해 갈등관리 능력을 제고하는 것에는 다양한 요인들이 걸림돌로 작용하고, 그 결과가 실제 갈등관리 능력의 제고로 나타나기까지 많은 시간을 필요로 하기 때문이기도 하고, 갈등관련 법제의 구축과 개선과정 자체가 대의민주주의의 보완이나 문화적 · 행태적 개선과정과 상당 부분 중첩되기 때문이다. 예를 들어, 갈등해결의 한 방법으로 주민투표를 이용하고자 하더라도 주민투표에 대한 법이 구비되지 않으면 주민투표를 통한 갈등해결은 실효적인 방법이 될 수 없다. 2004년도 부안 방사성폐기물처리장 갈등사례의 경우 주민투표법에 의한 합법적인 것이 아닌 주민들의 자발적 · 비공식적 주민투표 활동을 통해 갈등을 마무리 한 사례이다.

본 단원에서 공공갈등 관련 법 · 제도는 단순히 법령만을 의미하는 것을 넘어 갈등예방과 해결을 위한 제도적 장치는 물론 제도의 효과적 운영을 뒷받침할 인프라 구축까지 포괄하는 의미로 사용된다. 이러한 정의는 갈등관리능력의 제고라는 관점에서 매우 유용하며, 불가피한 측면이 있는바, 단순히 법적 기반만 마련하고 그 이후 아무런 후속조치를 취하지 않으면 실제 갈등현장에서는 무용지물이기 때문이다. 결국, 그 사회나 국가의 갈등관리능력을 살펴보기 위해서는 공공갈등 관련 법적 기반, 제도적 장치 및 제도적 장치를 실효적으로 작동할 수 있도록 하는 인프라를 포괄적으로 파악하여야 온전히 바라볼 수가 있다. 국내외 갈등관련 법 · 제도의 현황과 실태를 분석할 때에도, 한국사회 공공갈등 관련 법 · 제도의 개선방안을 논의할 때에도 '법적 기반', '제도적 장치', '제도적 인프라'라는 3가지 요소를 종합적으로 살펴볼 필요가 있다.

3) 공공갈등 관련 법 · 제도의 효과

공공갈등 관련 법 · 제도의 구축은 공공갈등을 제도화된 의사결정을 통해 관리한다는 것을 의미한다. 제도화된 의사결정을 통해 얻을 수 있는 효과는 무엇보다도 의사결정을 제도화함으로써 갈등이 유발하는 사회적 비용을 절감시켜준다는데 의의가 있다. 제도화된 의사결정이 활성화되면, 갈등해결을 위한 노력을 단순화 시켜주고, 갈등의 확산 · 분기(spin-off) 등을 예측 가능하게 함으로써 갈등해결 비용을 절감시키는 효과를 제공한다. 아울러 Ad-Hoc 갈등해결방법, 즉, case-by-case 갈등해결방법이 가지는 한계를 극복할 수 있으며, 주민참여나 이해관계자의 임의성도 극복할 수 있는 효과를 주기도 한다. 더불어 공공갈등 관련 법 · 제도의 구축과 개선은 주민들의 공공갈등 예방 및 해결의 경험과 교훈을 체계화시키고, 사회적 학습의 기회의 토대를 마련해 준다(은재호 외, 2008).

예를 들어, 2013년에 국회를 통과한 '송 · 변전설비 주변지역의 보상 및 지원에 관한 법률'(송주법)은 그동안 한전의 '자체 내규'에 따라 주먹구구식으로 이뤄져 왔던 토지 수용 및 보상 절차를 '법제화'함으로써 한전의 임의성을 제한시켰다는 의미가 있다. 이는 지난 8년간 끌어왔던 밀양 송전탑 갈등을 통해 사회적으로 학습한 결과라고 해도 무방하다. 송주법을 통해 송전탑 관련 갈등을 제도화된 의사결정구조로 이끌고, 임의적으로 이루어져 왔던 토지수용 절차를 일반화하여 향후 유사한 갈등이 발생할 경우 투입될 사회적 비용의 절감과 case-by-case 갈등해결방법이 가지는 한계를 극복할 수 있게 되어 궁극적으로 사회 전체의 갈등관리 역량의 강화로 귀결될 것이다.

2. 한국의 공공갈등 관련 법 · 제도

1) 법적 기반

현재 우리나라의 공공갈등에 대한 법적 기반은 사안별, 대상별로 구비하여 운영되고 있는 실정이며, 공공갈등관리에 관한 기본적 원칙을 담고 있는 일반법이 없어 체계성이 떨어지는 것이 사실이다.

공공갈등관리에 관한 일반법으로서 공공갈등관리기본법이 존재하지 않는 상태에서 현재 우리나라 공공갈등관리와 관련한 가장 상위인 형태의 법적 기반은 2007년 제정되어 시행중인 '공공기관의 갈등예방과 해결에 관한 규정(대통령령 제21185호)'이다. 반면 행정절차법은 국민의 행정 참여를 도모함으로써 행정의 공정성 · 투명성 및 신뢰성을 확보하고, 국민권익 보호를 목적으로 제정되어, 현행법 중 가장 포괄적인 공공갈등관리 규정들을 담고 있다.

한편 기타 지방자치법 및 지방자치단체 조례도 공공갈등관리와 관련한 다양한 규정을 담고 있으며, 환경영향평가법, 국토계획법, 혐오기피시설관련법, 노동위원회법 등과 같은 개별법에도 공공갈등 관련 규정이 포함되어 있다.

'공공기관의 갈등예방과 해결에 관한 규정(대통령령 제21185호)'은 갈등예방과 해결에 관한 중앙행정기관의 역할 및 책무, 절차를 규정하고 있으며, 갈등관리능력을 향상시킴으로써 사회통합에 이바지하는 데에 그 목적을 두고 있다. 당초 정부는 2005년 '공공기관의 갈등관리에 관한 법률(안)'을 마련해 국회에 제출하였으나, 국회와 시민단체, 일부 공무원 등의 반대로 입법이 무산되어 대통령령으로 제정되었다.[1]

본 대통령령은 갈등관리심의위원회, 갈등영향분석, 갈등조정협의회, 참여적 의사결정방법의 활용 등 보다 진일보한 내용의 갈등관리 규정을 망라하고 있다. 주요 규정으로는 정부의 정책을 추진하는 과정에서 갈등의 발생 및 발생이 예측되는 경우에 갈등영향분석을 실시하도록 하였고, 중앙행정기관에 갈등관리심의위원회를 설치하도록 하였으며, 필요한 경우 갈등의 예방 해결을 위하여 이해관계자, 일반시민 또는 전문가가 참여하는 의사결정방법과 공공정책으로 인해 발생된 갈등을 조정 및 해결하기 위해 갈등조정협의회를 설치할 수 있도록 하였다.

본 대통령령의 구성은 다음과 같다. 제1장 '총칙'에서는 본 대통령령의 목적 및 본 대통령령에서 사용하는 용어의 정의, 적용대상, 중앙행정기관의 책

1 이에 대해 정정화(2012)는 다음과 같이 요약한다. "당시 국회에서는 정부가제출한 법률(안)에 대해 갈등의 정치적 주체인 국회의 권한을 침해할 수 있고, 기존의 행정절차법과 중복된다는 이유 등으로 반대하는 분위기 가 팽배하였다. 시민단체들은 이 법안이 정부의 공공사업 시행에 면죄부를 부여하기 위한 것이며, 공공갈등의 원인제공자인 정부가 갈등을 관리한다는 접근방식 자체에 부정적이었다. 한편 행정 관료들은 업무수행에 이해관계자의 동의를 방아야 하고 부담이 늘어난다는 이유 등으로 법률 제정에 소극적이었다."

〈표 3-1〉 '공공기관의 갈등예방과 해결에 관한 규정' 주요 규정

구분	근거조항	기 능	의무여부	비고
갈등영향 분석	제10조	공공정책으로 야기될 수 있는 갈등요인을 예측.분석하고 예상되는 갈등에 대한 대책 수립	임의 실시	예방
갈등관리 심의 위원회	제11조	소관사무의 갈등관리와 관련된 사항 심의	의무 설치	예방/ 해결
참여적 의사 결정 방법	제15조	갈등의 예방해결을 위하여 이해관계인 일반시민 또는 전문가가 참여하는 의사결정방법	임의 설치	예방/ 해결
갈등조정 협의회	제16조	공공정책으로 인해 발생된 갈등의 조정 및 해결	임의 설치	해결

무에 관하여 규정하고 있으며, 제2장 '갈등 예방 및 해결의 원칙'에서는 자율해결과 신뢰확보, 참여와 절차적 정의, 이익과 비교형량, 정보공개 및 공유, 지속가능한 발전의 고려와 같이 공공기관의 갈등 예방과 해결을 위한 원칙 내지 고려사항에 관하여 규정하고 있다. 제3장 '갈등의 예방'은 갈등영향분석 제도, 갈등관리심의위원회 설치, 구성 및 운영, 기능, 심의결과의 반영에 관한 사항 및 참여적 의사결정방법의 활용에 관하여 규정하고 있고, 제4장 '갈등조정협의회'은 갈등조정협의회의 구성 및 운영, 의장의 역할과 선임방법, 갈등조정협의회의 기본규칙, 협의회 절차의 공개에 관한 사항, 협의결과문의 내용 및 이행에 관한 사항, 비밀유지의무에 관하여 규정하고 있다. 마지막으로 제5장 '보칙'에서는 갈등관리연구기관의 지정 · 운영, 갈등관리매뉴얼의 작성 및 활용, 갈등관리실태의 점검 · 보고 등에 관한 사항, 지속가능발전위원회와의 협의 등에 관한 사항, 갈등전문 인력의 양성 및 수당지급 등에 관하여 규정하고 있다.

다음으로 행정절차법은 국민의 행정 참여를 도모함으로써 행정의 공정성,

투명성, 신뢰성을 확보하고, 국민권익을 보호할 목적으로 1996년에 입법 · 제정되었다. 현행법 중 가장 포괄적인 갈등관리규정을 담고 있으며, 특히 행정작용을 함에 있어 거쳐야 할 주민 사전 의견수렴과 반영절차를 규정하고 있다. 행정절차법상 의견수렴절차는 사전통지, 의견청취, 이유제시 등 3단계로 구체화되어 있다.

〈표 3-2〉 행정절차법 상 의견수렴절차

<table>
<tr><th>구분</th><th>근거조항</th><th>기 능</th><th>방법</th><th>비고</th></tr>
<tr><td>사전통지</td><td>제4장
제5장</td><td>행정작용을 국민에게 사전에 알리는 행위</td><td>입법예고
행정예고</td><td></td></tr>
<tr><td rowspan="3">의견청취</td><td rowspan="3">제2장</td><td rowspan="3">행정작용에 대한 당사자 등 국민의 의견을 수렴하는 행위</td><td>의견제출</td><td>행정청이 직접 청취</td></tr>
<tr><td>청문</td><td>독립된
청문주재자 선정</td></tr>
<tr><td></td><td>공개적인 토론</td></tr>
<tr><td>이유제시</td><td>제23조</td><td>행정작용의 이유 및 법적 근거를 제시하는 행위</td><td>고지</td><td></td></tr>
</table>

사전통지는 행정작용을 국민에게 사전에 알리는 행위로서 입법예고제, 행정예고제 등의 방법이 있으며, 의견청취는 행정작용에 대한 당사자 등 국민의 의견을 수렴하는 행위로서 의견제출 및 청문 그리고 공청회 및 주민설명회 등의 방법이 있다. 이유제시는 행정작용의 이유 및 법적 근거를 제시하는 행위로서 반드시 문서로 고지하도록 되어 있다.

이와 같은 공공갈등관리에 관한 법적 기반은 몇 가지 문제점을 가지고 있다. 먼저 '공공기관의 갈등예방과 해결에 관한 규정'의 경우, 법적 근거가 없이 대통령령으로 제정되었기 때문에 갈등관리의 실효성 측면에서 본질적인 한계를 내포하고 있다는 점이다(정정화 외, 2013). 이러한 이유로 공공갈등

관리에 관한 법률을 제정하려는 움직임이 꾸준히 이어져 왔다. 2009년과 2010년에 국회의원 발의형태로 법안제정이 추진되었으나 무산되었고, 2011년에는 2005년 법률안과 유사한 내용의 '공공기관의 갈등예방과 해결에 관한 법률(안)'을 사회통합위원회가 마련해 국무조정실에 제출했으나, 각 부처에서 법안제정에 소극적이라는 이유로 백지화되었다. 2017년 20대 국회에 들어 와서도 박주민 의원, 신창현 의원, 김관영 의원 등이 각각 갈등관리기본법에 관한 법률을 제안하고 있는 상태이다.

현행법 중 가장 포괄적인 갈등관리규정을 담고 있는 행정절차법의 경우, 행정현장에서 갈등을 선제적으로 예방할 수 있을 만큼 실질적으로 운영되는 사례는 거의 찾아볼 수 없다는 것이 일반적 견해이다(은재호, 2013). 공공갈등은 상당 부분 행정관청이 이해당사자가 되는데, 해당 행정담당자들이 행정절차법상의 갈등관리 규정들을 직접 시행한다는 점이 가장 핵심적인 문제이다. 공공갈등의 이해당사자인 행정담당자가 주관하는 공청회는 이미 그 절차의 객관성과 공정성, 형평성 등에 대한 문제제기에 취약할 수밖에 없는 내재적 한계를 가지게 된다. 더욱 심각한 문제는 공청회 등의 사전 의견수렴절차를 형식적으로 운영하려 한다는 점이다(특히 행정담당자가 어느 한 쪽의 이해당사자라면 더더욱 그럴 것이다).

갈등관리에 관한 규정을 담고 있는 각종 개별법의 경우, 일부(노동위원회법, 환경분쟁조정법)는 비교적 충실히 작동되는 것으로 보이나 대부분의 경우 제대로 작동되고 있지 못한 것이 현실이다(임동진 · 이로리, 2012). 현행 지방자치법에 공공갈등관리를 위한 여러 규정이 제시되어 있으며, 지방자치법에 의거하여 행정협의조정위원회, 중앙분쟁조정위원회, 지방분쟁조정위원회 등이 설치 운영되고 있다. 그러나 지방자치법에 규정된 내용은 그 성격상 정부간(중앙정부간, 중앙-지방정부간, 지방정부간) 갈등에 국한되어 있어, 공공갈등의 유형 중 가장 일반적인 민-관 갈등에는 적용되지 않는다는 한계를 갖고 있다. 더 나아가 지방자치법에 근거하여 설치 · 운영되고 있는 각종 조정위원회도 효과적으로 작동하고 있지 못하고 있는데, 직권상정권한이 없거나 전문성, 독립성 등이 결여되어 있다는 점이 큰 걸림돌로 작용한다.

한편, 대통령령인 '공공기관의 갈등 예방과 해결에 관한 규정'이 제정된 이후 지방자치단체들도 각 지방자치단체에서 발생하는 공공갈등을 관리하기 위해 갈등관리 관련 조례를 제정하기 시작하였다. 이들 지방자치단체 중 갈등관리 조례를 처음으로 제정한 지방자치단체는 충청북도(2007.11.23: 충청북도 갈등예방과 해결에 관한 조례)이다. 그리고 그 뒤를 이어 전라북도(2007.12.28: 전라북도 공공갈등 예방 및 조정 · 해결에 관한 조례)가 제정하였고, 이후 여러 광역 및 기초지방자치단체에서 갈등관리 관련 조례를 제정하고 있다. 그러나 〈표 3-3〉에서 보는 바와 같이, 2017년 11월 현재 243개 지방자치단체 중 85개 지방자치단체가 갈등관리 조례를 제정하여 운영하는 수준에 그치고 있다. 또한 지방자치단체의 이러한 노력들도 '공공기관의 갈등예방과 해결에 관한 규정'과 유사하여 실효성이 낮은 편이라 할 수 있다. 따라서 가칭 '갈등관리기본법'과 같은 상위법이 마련된다면 지방자치단체의 공공갈등 관련 조례의 활용도도 활성화될 것으로 예상된다.

지방자치단체들이 제정한 조례의 명칭을 보면 조례에서 포괄하는 갈등의 범위를 어떻게 적용하고 있는 가의 차이에 따라 대통령령인 "공공기관의 갈등 예방과 해결에 관한 규정"과 같이 "000자치단체 공공갈등 예방과 해결에 관한 조례"라고 명명하고 있는 지방자치단체들이 있는가 하면, 좀 더 포괄적으로 "000자치단체 갈등 예방과 해결에 관한 조례"라고 표기하고 있는 지방자치단체들도 있다. 후자의 경우는 갈등의 영역 속에 공공갈등은 물론, '생활갈등' 또는 '마을갈등'이라고 불리 우는 다양한 형태의 갈등을 포함하고 있다.

〈표 3-3〉 지방자치단체 별 갈등관리 조례 제정 현황

(2017년 11월 현재)

번호	지자체명	자치법규명	공포 번호	공포 일자	제정 개정 구분
1	서울 특별시	서울특별시 공공갈등 예방 및 조정에 관한 조례	제6016호	12.09.28	제정
2	부산 광역시	부산광역시 갈등 예방과 해결에 관한 조례	제5126호	15.01.01	제정
3	대구 광역시	대구광역시 공공갈등 관리 및 조정에 관한 조례	제4743호	15.07.10	제정
4	인천 광역시	인천광역시 갈등민원 예방 등 관리에 관한 조례	제5535호	15.08.03	제정
5	광주 광역시	광주광역시 갈등 예방 및 조정에 관한 조례	제3854호	16.11.15	전부 개정
6	대전 광역시	대전광역시 갈등 관리 및 조정에 관한 조례	제3842호	10.04.22	일부 개정
7	세종특별 자치시	세종특별자치시 갈등 예방과 해결에 관한 조례	제351호	13.05.10	제정
8	경기도	경기도 갈등예방 및 해결에 관한 조례	제4644호	13.11.11	제정
9	강원도	강원도 사회갈등조정위원회 설치 및 운영 조례	제3885호	15.10.08	전부 개정
10	충청북도	충청북도 갈등예방과 해결에 관한 조례	제3864호	16.01.01	일부 개정
11	충청남도	충청남도 공공갈등 예방과 해결에 관한 조례	제3943호	14.12.30	전부 개정
12	전라북도	전라북도 공공갈등 예방 및 조정 · 해결에 관한 조례	제4019호	15.07.03	일부 개정
13	서울 강동구	서울특별시 강동구 공공갈등 예방 및 해결에 관한 조례	제1220호	16.06.22	제정
14	서울 강서구	서울특별시 강서구 공공갈등 예방 및 조정에 관한 조례	제1009호	15.03.04	제정
15	서울 금천구	서울특별시 금천구 공공갈등 예방 및 해결에 관한 조례	제804호	15.05.01	제정
16	서울 송파구	서울특별시 송파구 공공갈등 예방 및 해결에 관한 조례	제1274호	15.10.08	제정

번호	지자체명	자치법규명	공포 번호	공포 일자	제정 개정 구분
17	서울 영등포구	서울특별시 영등포구 공공갈등 예방 및 해결에 관한 조례	제758호	16.07.01	일부 개정
18	서울 은평구	서울특별시 은평구 공공갈등 예방 및 조정에 관한 조례	제1120호	16.09.22	제정
19	서울 강북구	서울특별시 강북구 공공갈등 및 민원 조정위원회 조례	제1222호	16.12.30	제정
20	서울 구로구	서울특별시 구로구 공공갈등 예방 및 해결에 관한 조례	제1216호	16.10.13	제정
21	서울 서초구	서울특별시 서초구 공공갈등 예방 및 조정에 관한 조례	제1105호	17.09.28	제정
22	대구 중구	대구광역시 중구 갈등 조정과 관리에 관한 조례	제984호	15.09.30	제정
23	대구 달서구	대구광역시달서구 공공갈등 관리 및 조정에 관한 조례	제1239호	17.08.21	제정
24	인천 부평구	인천광역시부평구 공공갈등 예방과 해결에 관한 조례	제1270호	14.04.07	제정
25	광주 북구	광주광역시 북구 공공갈등 예방 및 조정에 관한 조례	제1190호	15.07.30	제정
26	광주 남구	광주광역시 남구 공공갈등 예방과 해결에 관한 조례	제1001호	17.09.29	제정
27	대전 동구	대전광역시 동구 공공갈등 예방 및 조정에 관한 조례	제1142호	16.03.11	제정
28	대전 서구	대전광역시 서구 갈등 예방과 해결에 관한 조례	제1170호	13.06.17	제정
29	대전 유성구	대전광역시 유성구 공공갈등 예방 및 조정에 관한 조례	제1285호	17.04.14	제정
30	대전 중구	대전광역시 중구 공공갈등 예방 및 조정에 관한 조례	제1188호	16.07.11	일부 개정
31	대전 대덕구	대전광역시 대덕구 갈등 예방과 해결에 관한 조례	제1220호	17.0.12	제정
32	경기 과천시	과천시 공공갈등 예방과 해결에 관한 조례	제1234호	12.08.14	제정

번호	지자체명	자치법규명	공포 번호	공포 일자	제정 개정 구분
33	경기 구리시	구리시 공공갈등 예방 및 조정에 관한 조례	제1379호	15.09.30	제정
34	경기 군포시	군포시 갈등 예방과 해결에 관한 조례	제1273호	14.03.07	일부 개정
35	경기 김포시	김포시 갈등 예방과 해결에 관한 조례	제1190호	15.05.13	제정
36	경기 수원시	수원시 공공갈등 예방 및 해결에 관한 조례	제3414호	15.07.31	제정
37	경기 시흥시	시흥시 갈등 예방과 해결에 관한 조례	제1023호	08.11.10	제정
38	경기 양평군	양평군 공공갈등 예방과 해결에 관한 조례	제2242호	13.12.27	제정
39	경기 오산시	오산시 공공갈등 예방 및 조정에 관한 조례	제1336호	13.11.29	제정
40	경기 포천시	포천시 갈등 예방과 해결에 관한 조례	제834호	15.02.16	제정
41	경기 하남시	하남시 갈등 예방과 해결에 관한 조례	제1061호	11.08.10	제정
42	경기 안성시	안성시 공공갈등 예방 및 해결에 관한 조례	제1313호	17.03.24	제정
43	경기 안양시	안양시 공공갈등 예방 및 해결에 관한 조례	제2885호	17.11.16	제정
44	경기 여주시	여주시 공공갈등 예방 및 조정에 관한 조례	제544호	17.03.29	제정
45	경기 용인시	용인시 갈등 예방과 해결에 관한 조례	제1649호	17.05.04	제정
46	강원 동해시	동해시 시민통합을 위한 갈등 예방과 해결에 관한 조례	제1760호	15.04.03	제정
47	강원 춘천시	춘천시 갈등 예방과 해결에 관한 조례	제946호	11.10.27	제정
48	강원 태백시	태백시 갈등 조정과 관리에 관한 조례	제1557호	13.05.31	제정
49	강원 정선군	정선군 공공갈등 예방 및 조정에 관한 조례	제2551호	16.12.30	제정

번호	지자체명	자치법규명	공포 번호	공포 일자	제정 개정 구분
50	충북 보은군	보은군 갈등예방과 해결에 관한 조례	제2317호	16.02.19	제정
51	충북 증평군	증평군 갈등예방과 해결에 관한 조례	제506호	13.11.08	일부 개정
52	충북 진천군	진천군 갈등예방과 해결에 관한 조례	제2463호	16.07.01	일부 개정
53	충북 괴산군	괴산군 갈등예방과 해결에 관한 조례	제2310호	16.12.30	제정
54	충남 계룡시	계룡시 갈등예방과 해결에 관한 조례	제421호	13.08.09	제정
55	충남 공주시	공주시 갈등예방과 해결에 관한 조례	제841호	12.12.07	제정
56	충남 금산군	금산군 갈등예방과 해결에 관한 조례	제1973호	15.04.15	일부 개정
57	충남 논산시	논산시 갈등 예방과 해결에 관한 조례	제735호	11.10.31	제정
58	충남 당진시	당진시 갈등예방과 해결에 관한 조례	제40호	12.01.01	제정
59	충남 보령시	보령시 갈등예방과 해결에 관한 조례	제1110호	14.12.22	일부 개정
60	충남 부여군	부여군 갈등예방과 해결에 관한 조례	제2103호	14.08.1	일부 개정
61	충남 서산시	서산시 갈등 예방과 해결에 관한 조례	제1041호	15.06.29	일부 개정
62	충남 서천군	서천군 갈등예방과 해결에 관한 조례	제2399호	16.07.14	일부 개정
63	충남 아산시	아산시 갈등 예방과 해결에 관한 조례	제1190호	13.09.25	일부 개정
64	충남 예산군	예산군 갈등예방과 해결에 관한 조례	제1972호	11.07.15	제정
65	충남 천안시	천안시 갈등예방과 해결에 관한 조례	제1155호	11.09.14	제정

번호	지자체명	자치법규명	공포 번호	공포 일자	제정 개정 구분
66	충남 청양군	청양군 갈등 예방과 해결에 관한 조례	제1823호	11.12.20	제정
67	충남 태안군	태안군 갈등예방과 해결에 관한 조례	제1054호	13.03.08	제정
68	충남 홍성군	홍성군 갈등예방과 해결에 관한 조례	제2186호	15.06.05	일부 개정
69	전북 군산시	군산시 공공갈등 예방 및 조정에 관한 조례	제1310호	15.12.24	제정
70	전북 완주군	완주군 갈등예방 및 관리를 위한 조례	제2148호	12.05.11	제정
71	전북 익산시	익산시 갈등 예방 및 관리를 위한 조례	제1443호	15.05.07	일부 개정
72	전북 전주시	전주시 갈등 예방 및 관리를 위한 조례	제2919호	11.11.09	제정
73	전남 나주시	나주시 갈등 관리 및 조정에 관한 조례	제1150호	15.11.11	일부 개정
74	전남 목포시	목포시 갈등예방 및 해결에 관한 조례	제2940호	15.08.10	제정
75	전남 순천시	순천시 갈등 관리 및 조정에 관한 조례	제1367호	13.08.02	일부 개정
76	전남 영암군	영암군 갈등 예방과 해결에 관한 조례	제2235호	15.12.17	제정
77	전남 화순군	화순군 갈등 예방과 해결에 관한 조례	제2533호	17.03.15	제정
78	경북 문경시	문경시 갈등예방 해결에 관한 조례	제889호	12.12.05	제정
79	경북 안동시	안동시 갈등 조정과 관리에 관한 조례	제895호	12.11.22	제정
80	경북 포항시	포항시 갈등 분쟁조정협의회 설치 및 운영에 관한 조례	제1142호	13.04.30	전부 개정
81	경남 거창군	거창군 갈등 예방과 해결에 관한 조례	제2086호	12.06.02.	제정
82	경남 의령군	의령군 공공갈등 예방과 해결에 관한 조례	제1957호	15.08.05	제정

번호	지자체명	자치법규명	공포 번호	공포 일자	제정 개정 구분
83	경남 창원시	창원시 공공갈등 예방과 해결을 위한 조례	제529호	12.07.16	제정
84	경남 통영시	통영시 갈등예방과 해결에 관한 조례	제1125호	15.08.11	제정
85	울산 중구	울산광역시 중구 공공갈등 예방 및 조정에 관한 조례	제815호	16.10.10	제정

자료: 국가법령정보센터(http://www.law.go.kr/main.html) 참조(2017년 11월 29일 검색).

2) 제도적 장치

〈그림 3-1〉에서 보여주는 바와 같이 2017년 10월 현재 우리나라의 공공갈등관리에 대한 중앙정부의 제도적 장치는 대통령 자문기구인 국민대통합위원회를 정점으로 국무조정실이 컨트롤타워로서 갈등관리 총괄기능을 수행하고 있는 상황이다.

국무총리 국무조정실 산하에 갈등관리정책협의회, 갈등점검협의회, 행정협의조정위원회가 설치되어 있고, 실무 전담부서로는 국정운영실에 국장급의 갈등관리지원관을 팀장으로 하여 소규모 인력을 배치하고 있다. 아울러 국무조정실에서는 각 중앙행정기관의 갈등관리실정을 1년 단위로 점검하고, 우수사례 발굴 및 중점관리대상 지정 등의 사업을 진행하고 있다.

행정안전부에는 지방자치단체 간 사무처리 분쟁을 조정하는 중앙분쟁조정위원회가 설치되어 있다. 국민권익위원회는 고충민원의 한 유형인 공공갈등민원(다수인 민원)에 대한 조정기능을 수행하고 있으며, 현재 일반 고충민원에 비해 업무비중은 미미한 상황이지만, 국민권익위원 차원의 공공갈등민원에 대한 관심은 점점 높아지고 있는 추세이다.

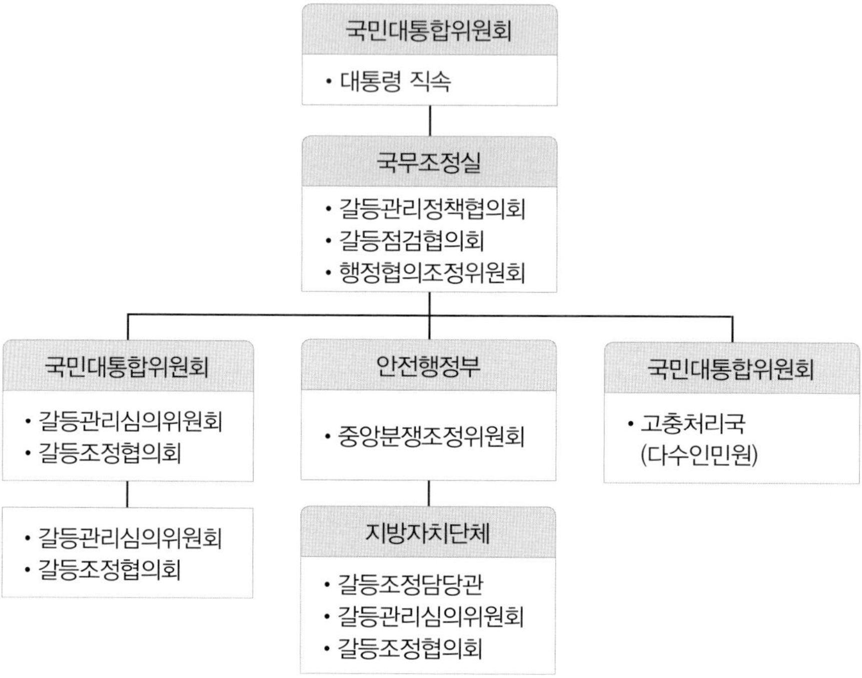

〈그림 3-1〉 공공갈등 관리에 관한 중앙정부 조직체계

〈표 3-3〉 중앙행정기관별 분쟁조정기구

명칭	소속기관	명칭	소속기관	소속기관	성격
산업기술분쟁조정위원회	지식경제부	산업재산권분쟁조정위원회	특허청	종자위원회	농림축산부
콘텐츠분쟁조정위원회	문체부	하자심사분쟁조정위원회	국토교통부	노동위원회	고용노동부
개인정부분쟁조정위원회	행정안전부	방송분쟁조정위원회	방통위	무역위원회	지식경제부
국제계약분쟁조정위원회	기획재정부	배치설계심의조정위원회	특허청	사학분쟁조정위원회	교육부

수산동물전염병방역협의회	농림축산부	인터넷주소정책심의위원회	방통위	중앙건축위원회	국토교통부
시청자불만처리위원회	방통위	공제분쟁조정위원회	국토교통부	전기위원회	지식경제부
중앙건설분쟁조정위원회	국토교통부	원자력손해배상위원회	미래창조과학부	중앙하천관리위원회	해양수산부
환경분쟁조정위원회	환경부	건강보험분쟁조정위원회	보건복지부	중앙수산조정위원회	농림축산부
지방자치단체계약분쟁조정위원회	안전행정부	지방자치단체중앙분쟁조정위원회	안전행정부	우체국보험분쟁조정위원회	지식경제부
훼손복지복구사업협의회	국토교통부				

아울러 '공공기관의 갈등예방과 해결에 관한 규정'에 근거하여 각 중앙행정기관은 갈등관리심의위원회와 갈등조정협의회를 설치 · 운영하고 있으며, 일부 부처에서는 '갈등영향분석'의 실시, 갈등관리매뉴얼의 제작 보급 등 다양한 사업을 진행하고 있다. 또한 사안에 따라 중앙행정기관별로 특정 기능을 갖는 분쟁조정기구를 두고 있는데, 고용노동부 노동위원회, 환경부 환경분쟁조정위원회, 교육부 사학분쟁조정위원회, 보건복지부 건강보험분쟁조정위원회 등이 대표적인 사례라 할 것이다.

〈표 3-4〉는 우리나라 공공갈등 관리를 위해 각 중앙행정기관이 개별법에 근거하여 설치한 분쟁조정기구들이다(하혜영, 2012). 이들 분쟁조정기구들은 성격에 따라 행정위원회와 자문위원회로 구분된다. 노동위원회, 무역위원회, 환경분쟁조정위원회, 전기위원회는 행정위원회이고, 나머지 위원회는 자문위원회의 성격을 띠고 있다.

그럼에도 불구하고 국내 공공갈등관리를 위한 제도적 장치들은 많은 문제점이 있어 개선이 시급하다는 것이 일반적인 평가이다. 무엇보다 다양한 공공갈등 조정기구들이 중앙정부에 있음에도 제대로 작동하지 못하고 있다는 점이 지적되고 있다. 특히, 공공갈등 해결에 중요한 수단 중 하나인 대안적 분쟁해결 측면에서 그 기능이 매우 취약한 것으로 평가받고 있다.

아직까지 국민대통합위원회는 우리 사회의 거대 갈등에 관한 추상적 담론을 생산하는 정도에 머물러 있다. 국무조정실은 우리 사회 공공갈등 관리를 위한 컨트롤타워 역할을 수행하기에는 실제 조직이 왜소하고, 개별 공공갈등에 직접적으로 개입하여 조정자 역할을 수행할만한 인력이나 역량이 매우 취약한 것으로 파악된다. 행정안전부 소속의 중앙분쟁조정위원회는 지방자치단체 간 토지관련 분쟁 조정에 한정되어 있고, 각 부처별 갈등관리심의위원회나 갈등조정협의회는 설치되어 있기는 하나 갈등관리인력 및 역량이 매우 부족하여 형식적으로 운영되고 있는 것이 현실이다. 매년 국무조정실에서는 실태평가를 통해 내실 있는 운영을 독려하고 있지만, 정작 현장의 공무원들은 행정절차법과 중복된다는 등의 볼멘소리를 하고 있는 상황이다.

다수의 이해당사자가 관련된 공공갈등이 발생했을 때, 현재 이해당사자들이 실질적으로 조력을 받을 수 있는 기관은 국민권익위원회, 그리고 각 부처에서 사안별로 설치 · 운영하고 있는 각종 분쟁조정기구 정도에 불과한 상황이다. 노동위원회, 환경분쟁조정위원회 등 일부 위원회가 일정 정도 제 기능을 발휘하고 있다고 볼 수 있으나 이들 전문 분쟁조정기구들도 사후적 구제에 초점을 맞추고 있어, 예방적 차원으로의 적극적 조정자 역할에는 한계가 있는 것으로 평가된다.

3) 제도적 인프라

제도적 장치가 마련되어 있다하더라도 이를 효과적으로 운영할 수 있는 인프라가 구비되어 있지 못하다면 법제의 실효성은 낮아지게 된다. 때문에 새로운 제도적 장치의 구축보다는, 이미 구축된 제도적 장치들을 실효적으로 운영할 수 있도록 하는 것이 더욱 중요한 사안일 수 있다. 현재 우리 사회는 공공갈등 관련 법제의 실효적인 작동을 가능케 하는 제도적 인프라가 매우 부족한 것이 현실이다(은재호, 2013).

제도적 인프라는 연구자나 전문가들에 따라 매우 다양하게 정의될 수 있고, 또한 가장 시급하게 개선되어야 하는 제도적 인프라에 대한 판단도 다를 수 있다. 그럼에도 불구하고 대부분의 연구자나 전문가들이 가장 시급하게 보완되어야 할 제도적 인프라로 주목하는 사항은 다음과 같다.

우선 여러 공공갈등 조정기구 간의 위상 및 기능의 모호하다는 점이다. 각자의 위상과 역할이 재정립되고, 이에 따라 부합하는 역량을 배치할 필요가 있으며, 공공갈등관리가 선언적 수준이 아닌 실질적 수준으로 자리매김 되어야 한다. 따라서 국가의 갈등관리제도를 전체적으로 지원할 수 있도록 국무조정실 산하의 갈등관리지원관실은 부처 평가와 환류체계를 강화하고, 중앙부처가 갈등당사자가 된 사안에 대해 대안적 분쟁해결방식을 적극적으로 활용할 수 있도록 지원함과 동시에 안내 및 교육을 강화할 필요가 있다. 또한 국민대통합위원회의 위상과 기능도 보다 명확히 할 필요가 있다. 국무조정실의 갈등관리지원관실과 국민대통합위원회의 업무와 역할이 중복되고 있기 때문이다.

다음으로 중앙행정기관 내 공공갈등 전담기구를 신속히 분화시켜 전문화할 필요가 있다. 현재 중앙행정기관 내에 전문적 기구를 두고 있는 기관은 전무하며, 공군의 갈등관리실과 서울시 갈등조정담당관실만이 전문기구로 분화되어 있는 상황이다. 이러한 이유로 일선 행정의 갈등관리 담당자들 사이에서는 갈등관리가 부가적 업무로 인식되고 있다. '일 따로 갈등관리 따로'라는 표현이 회자되고 있는데, 이는 갈등관리 전담기구가 분화되어 있지 않기 때문이라 할 수 있다. 전문 인력의 양성 또한 지체되고 있어, 지속적인 교육과 훈련 및 경험의 일반화 작업이 필요하며, 재정적 지원 역시 부족한 현실도 당면 과제 중 하나이다.

마지막으로 민관 협력 거버넌스의 미발달과 관련 경험 부족도 문제점으로 지적 받고 있다. 공공갈등은 결국 민관이 협력적인 자세로 임할 때 예방되고 해결될 수 있는 것임에도, 아직까지 우리 사회는 민-관이 공공갈등을 협력적으로 풀어내는 경험이 부족하고, 이러한 협력적 거버넌스 체제 또한 발달하지 못한 것이 현실이다. 민-관 협력에 대한 다양한 경험축적과 체계화도 제도적 인프라로써 매우 중요한 요소라 할 것이다.

4. 주요국 공공갈등 관련 법제 현황

1) 미국의 민간참여제도

1970년대 중반 이후 미국사회에서는 각종 갈등과 분쟁으로 인한 법적 쟁송이 빈발하면서 소송의 남발로 인한 사회적 비용이 커지게 되었고, 이를 극복하기 위한 한 방편으로 ADR(Alternative Dispute Resolution) 운동이 전개되기 시작했다. 1976년 파운드회의(Pound Conference)를 기점으로 미국 연방 차원에서 ADR이 본격적으로 논의되기 시작하였는데, 이 회의서 법원이 소송이라는 대립적 분쟁해결절차만을 제공하기 보다는 다양한 분쟁해결절차를 제공하고 당사자들로 하여금 그 중에 하나를 선택하도록 하자는 주장이 제기되었다. 여기서 제기된 소송 이외의 분쟁해결절차로는 협상, 조정, 중재 등이 있는데 이를 전통적 분쟁해결절차인 소송을 대체한다하여 ADR이라 부른다.

미국에서 ADR은 법조계뿐 아니라 업계와 지역사회 행정부 등으로 적용분야가 꾸준히 확산되어 왔으며, 나아가 각각의 분쟁에 대한 임기응변적 대응 수단을 넘어 일반적인 분쟁해결 수단으로 제도화돼 나가는 추세이다. 특히 미국 연방정부가 ADR의 제도화에 선도적인 역할을 해왔다.

그 골간이 되는 것이'행정분쟁해결법(Administrative Dispute Resolution Act)'으로 1990년 제정된 후, 1991년과 1996년 두 차례 개정 · 보완되었다. 이 법률은 연방정부 각 기관의 ADR 도입을 의무화하고, 그 시행방법까지 제시하고 있는데,'행정분쟁해결법'의 주요 내용은 다음과 같다(강영진, 2010).

각 행정기관은 대안적 분쟁해결방식에 의한 분쟁해결정책을 개발하여 공표해야 하며, 이 정책에는 공식 · 비공식 행정결정, 법률 제정 및 집행, 각종 인 · 허가, 정부 사업 관련 계약 · 발주, 정부기관이 관련된 소송, 기타 행정기관의 업무처리와 관련된 분쟁의 해결방안이 포함되도록 한다. 또한 각 행정기관의 장은 분쟁해결 전문가를 고위직에 선임해야 하고, 이 전문가는 그 기관의 분쟁해결정책을 개발 · 시행하고, 그 기관과 관련한 분쟁의 해결과정을 전담하도록 한다. 그리고 각 행정기관은 관련 공직자들이 효과적인 분쟁해결에 필요한 교육훈련을 지속적으로 받도록 해야 하며, 교육내용에는 협상, 조정, 기타 분쟁해결에 필요한 이론과 실습이 포함되도록 한다. 마지막으로 각 행정기관은 정부사업 관련 계약, 자금지원, 정부사업 발주, 기타 행정행위를 하는 데 있어서 대안적 분쟁해결방식이 최대한 적용되도록 한다. 이처럼 미국에서의 ADR은 법적 기반을 갖고 꾸준히 확산되어 가고 있는 추세이다.

더불어 공공갈등의 실효적 해결 및 예방을 위한 제도적 장치의 구축을 위해 1998년 클린턴 행정부는 조정, 옴부즈맨제도 등 ADR과 협상에 의한 규칙제정(Negotiated Rulemaking)을 보다 적극적으로 활용하라는 내용의 훈령(Presidential Memorandum)을 연방정부의 각 부처에 하달하였는데, 이에 따라 각 부처에 분쟁해결 및 예방 관련 전문기구가 설치되었고, 이에 대한 범정부적 차원의 조정 및 지원을 위해 범정부갈등해결실무그룹(Interagency Alternative Dispute Resolution Working Group)도 구성되었다.

강력한 법적 기반과 함께 대통령령에 기초하여 전담기구를 구축하는 등 제도적 장치가 구축되었고, 미국의 오랜 시민참여 전통과 더불어 전문가 배치 및 지속적 교육과 훈련의 의무화 그리고 연방정부 각 기관에 ADR도입 의무화 등으로 제도적 인프라도 비교적 잘 구비되어 ADR이 공공갈등해결에 잘 활용되고 있다는 평가가 지배적이다.

정부는 비록 법령과 법규에 근거하지만 공익을 위해 주민들에게 각종 규제(Regulations)를 가하게 된다. 이러한 규제는 일반적으로 특정 주민들의 경제 사회적 비용을 감수하게 된다. 미국의 경우 공공정책 관련 갈등분쟁은 대체로 정부 부처의 규제에 대해 관련 이해당사자들이 전통적인 분쟁해결절차인 소송을 제기하는 형태로 벌어지는 경우가 일반적이었다. 대표적인 규제 기관인 연방 환경청(EPA)의 경우 주요 법규 중 약 80%가 공표 직후 제소당하는 실정이었다. 정부의 각종 규제로 인해 발생하는 갈등을 미연에 예방하고자 도입된 것이'협상에 의한 규칙제정(Negotiated Rulemaking)'또는 '규제 협상(Regulatory Negotiation)'이다.

'협상에 의한 규칙제정'은 규제기관이 정책 결정 이전에 규제로 인해 영향을 받는 관계자를 파악하고, 사전에 관계자들과 논의 및 협상을 하여 합의된 규제 내용을 규제기관이 수용하는 방식으로 이를 통해 분쟁을 예방하는 것을 목적으로 시도되었다(채종헌 외, 2010). 1980년대 중□후반 연방 행정부(환경청과 교통부 등)를 중심으로 이러한 시도가 성공을 거두면서 연방의회는 1990년 "협상에 의한 규칙제정법"(Negotiated Rulemaking Act)을 제정했고, 1996년 영구적 법률로 승인했다. 이 법의 주요 내용은 다음과 같다(강영진, 2010).

행정 부처는 협상에 의한 법규 제정이 가능하고 적절한 경우,'협상에 의한 법규 제정 위원회'(이하 위원회)를 구성하여 법규안(proposed rule)을 제정할 수 있다. 또한 대통령은 각 부처가 협상에 의한 법규 제정을 적극 활용하도록 조치를 취하여야 하며, 행정 부처는 위원회 참석자 선정 및 회의 진행 등을 주관할 외부 전문가(convener/facilitator)를 고용할 수 있다. 그리고 위원회의 구성 및 운영은 연방자문위원회법(Federal Advi -sory Committee Act)에 의거하도록 한다. 위원회는 특별한 경우를 제외하고 25인 이내의 위원으로 구성하되, 해당 부처를 포함해 관련 이해당사자들이 균형 있게 대표되도록 한다. 위원회에서 별도로 정하지 않는 한, 법규안에 대한 최종 합의(consensus)는 위원 전원의 동의에 의거하도록 한다.

이처럼 '협상에 의한 규칙제정'은 이러한 법적 기반을 갖고 각종 규제를 제정할 때 주요하게 활용되는 수단으로 자리매김해 왔다. 더불어 1998년 ADR과 협상에 의한 규칙제정(Negotiated Rulemaking)을 보다 적극적으로 활용하라는 클린턴 대통령의 훈령(Presidential Memorandum)으로 '협상에 의한 규칙제정'을 전담하는 부서가 설치됨으로서 보다 실효적인 절차로 발전하였다.

2) 영국의 시민협의제도

영국은 전통적으로 주민자치의 원칙에 근거하여 공공정책의 입안과 집행에 있어 주민과의 협의가 잘 이루어져 왔다. 이러한 전통을 바탕으로 영국은 특별히 공공갈등관리를 위한 법제를 갖추고 있지 않고, 관습적으로 행해오던 주민협의과정을 체계적인 절차로 만들어 공공갈등을 관리하고 있다. 이른바 서면협의 시행규칙(CPWC, Code of Practice on Wrritten Consultation), 공공참여(PI, Public Involvement), 공공개입(PE, Public Engagement)으로 대표되는 시민협의제도가 그것이다.

이 제도들은 2000년 내각부 서면협의에 관한 시행규칙을 제정하면서 정부의 공식적 절차로 공고화되었는데, 정책을 입안하기 전 다양한 이해관계자나 주민들의 입장을 파악하고, 의견을 수렴함으로써 공공정책을 수립 · 집행할 때 발생할 수 있는 공공갈등을 최소화하는데 그 목적이 있다. 영국에서는 공공갈등관리에 있어 정부와 민간부문의 역할 분담이 이루어져 있는데, 정부는 갈등을 예방하는데 역점을 두고 있고 갈등이 발생하면 민간부문의 주도 하에 중재나 조정을 통해 갈등을 관리 또는 해결한다(채종헌, 2014).

서면협의 시행규칙, 공공참여, 공공개입 등으로 대표되는 시민협의제도는 예상되는 갈등의 심화 정도에 따라 적용범위와 방법을 달리하고 있다(임동진 · 김재일, 2010). 서면협의 시행규칙(CPWC)은 구조화된 협의서를 가지고 의견을 수렴하는 방식으로 참여자가 협의서의 질문에 응답을 작성하여 보내면 정부당국자는 협의기간에 수집된 응답을 분석하여 정책에 반영하는 제도이다. 공공참여(PI)는 서면협의 시행규칙이 확대된 형태로 정부와 시민간의 쌍방향적 관계형성을 통해 정부의 결정에 대해 시민들의 자문을 구하고, 수렴된 의견을 정책에 반영함으로써 갈등예방을 도모하는 것으로 목적으로 한다. 공공개입(PE)은 정책이나 서비스 개발과정에 핵심 이해관계자들로부터 창조적인 아이디어를 제안 받거나 비용 절감 방안 등 정책 전반에 대해 논의하는 과정으로 공공참여에 비해 보다 더 포괄적이고 적극적으로 확장된 시민협의제도이다.

3) 독일의 공공참여제도

독일의 경우 갈등을 미연에 방지하기 위한 수단으로써 기능보다는 행정절차를 합리적이고 신속히 처리하는 것을 목적으로 공공참여를 확대해 왔다(정정화, 2012). 뮌헨 제2공항 건설을 추진하였으나, 허가절차와 계획확정절차로 이루어지는 행정절차가 16년이 걸리면서 1992년 5월에야 완성되자 계획법과 인 · 허가 절차의 간소화에 대한 요구가 광범위하게 제기되어 그 논의가 시작되었다. 그 결과 대규모 공공사업의 경우 단순한 허가나 승인 아닌 공공의 참여가 보장된 가운데 사업을 추진한다는 원칙이 확립되었다.

독일의 대표적인 공공갈등관리 기제는 계획확정절차(Planfeststellungs - verfahren)와 공공참여이다. 계획확정절차는 독일연방 행정절차법에 근거를 두고 있는데, 청문절차와 계획확정결정이라는 두 단계로 구성되어 있다. 관할 관청은 각 단계에 따라 청문관청 또는 계획확정관청이라고 지칭된다. 청문절차는 사업주체가 사업계획을 청문행정청에 제출함으로써 시작되는데, 사업계획으로부터 이익을 침해 받게 되는 당사자 및 다른 행정청과 사업주체 간 토론이 진행된다. 계획확정절차는 청문절차가 종료된 후, 청문결과와 다른 행정청의 의견, 공익과 사익 간의 비교형량, 다른 사업계획과의 정합성 여부 등을 고려하여 계획확정행정청이 계획확정결정을 함으로서 종료된다. 계획확정절차를 진행함에 있어 가장 중요하게 관철되는 원칙은 이익형량의 원칙이다. 이러한 원칙을 바탕으로 주민들의 의견을 수렴하고 참여를 보장하여 공공갈등을 예방한다.

공공참여는 독일의 공공갈등관리체제의 또 하나의 특징이다(현대호 외, 2012). 당사자나 이해관계가 있는 주민 이외에 공공(환경단체 및 시민단체)의 참여를 보장하려는 취지에서 제도화 된 것으로 2006년 '공공참여법'이 제정되면서 활성화되었다. 공공참여는 사전적 공공참여와 사후적 공공참여로 나뉜다. 사전적 공공참여는 정보공개가 주요한 수단으로 조기에 사업계획을 공개하여 관련 정보를 제공하고, 사전에 공공이 참여할 기회를 제공하는 것을 목적으로 한다. 사후적 공공참여는 공개열람으로 사업계획에 대해 공개적으로 열람할 수 있게 하고 관계관청의 참여와 병행하여 공공이 의견을 제시할 수 있게 하는 절차이다. 공공참여는 참여전치주의와 주민 이외의 환경단체, 자연보호단체 등 시민단체 참여를 보장하고, 공익주체로서의 관련 기관의 참여를 의무화함으로써 이해관계나 주민들의 참여는 물론 직접적인 이해관계가 없는 공공의 참여를 실현한다.

4) 프랑스의 공공토론제도

프랑스는 공공참여와 공공토론을 통한 사회적 합의형성을 공공갈등 관리와 해결을 위한 대체적 수단으로 발전시켜 왔다. 대표적인 사례가 국가공공토론위원회(CNDP, Commission Nationale du Débat Public)이다(박재근 외, 2014).

국가공공토론위원회는 1995년 바르니에법에 따라 법제화되어, 1997년 환경개발부 산하에 설립된 이후, 2002년 독립행정기관으로 발전되었다. 조직의 구성과 예산의 측면에서 독립성과 자율성을 보장받는 명실상부한 공공갈등 예방기구이다. 정부가 추진하는 대규모 건설 사업이나 시설정비사업 결정과정에 주민이 참여해 적극적으로 의견을 개진할 수 있는 기회를 보장하고 다양한 이해당사자들과의 합의를 도출할 것을 목적으로 한다.

국가공공토론위원회(CNDP)는 공공토론 대상선정과 공공토론 실시여부를 결정하고, 공공토론특별위원회(CPDP)를 구성하여 공공토론 개최를 위임하는 등 총괄적 역할을 수행한다. 공공토론특별위원회는 특정 사안에 대한 공공토론을 실질적으로 준비하고 진행하며, 토론결과보고서를 작성하여 국가공공토론위원회에 제출한다. 국가공공토론위원회의 토론 결과는 구속력 없는 정책 권고에 불과하지만 적극적인 시민참여와 토론문화를 바탕으로 중립적인 독립기구로 토론의 공정성을 확보하고 사회적 합의형성을 도출하는데 매우 긍정적 역할을 하는 것으로 평가되고 있다.

5) 주요국 공공갈등 관련 법제의 교훈

주요국 공공갈등 관련 법제는 각국의 사회문화적 배경과 적용 원칙에 따라 다양한 형태로 발전되어 왔다. 미국의 협상과 타협, 영국의 참여와 협의, 독일의 이익 비교형량과 공공참여, 프랑스의 공공토론의 제도화와 공정성 및 중립성 등이 그것이다(정정화, 2012). 이들이 발전시킨 공공갈등 관련 법제를 우리의 상황과 무관하게 도입하는 것은 지양해야 한다.

이들로부터 얻은 교훈을 바탕으로 우리의 실정에 맞는 공공갈등관련 법제를 창의적으로 개발할 필요가 있다. 이를 위해 선행적으로 주요국 공공갈등 관련 법제의 교훈을 탐색해야 하는 바, 정리하면 다음과 같다.

첫째, ADR 기법의 활용에 적극적인 미국의 경우 보다 확고한 법률적 기반을 바탕으로 체계적인 정부 내 갈등관리체제를 실효적으로 구축하고 있다는 점이다.

둘째, 근본적인 갈등예방 및 해결기제는 민관협치체제의 성공적 정착이라고 볼 때 영국의 시민협의체제는 중장기적 관점에서 함의하는 바가 크다.

셋째, 공공토론의 제도화(프랑스)와 공공참여의 제도화(독일)를 통해 사회적 합의형성시스템 구축 사례는 제도화를 통한 공공갈등 관리의 필요성를 일깨우는 것으로 시사하는 바가 크다.

5. 한국의 공공갈등 관련 법 · 제도 개선방안

1) 법적기반의 구축

공공갈등관리와 관련된 법적 기반을 구축한다는 것은 공공갈등의 예방과 해결을 위해 우리 모두가 지켜야 할 기본 규칙을 마련하는 것을 의미한다.

따라서 법적 기반의 구축은 실효적 공공갈등 관리를 위한 국민적 공감대를 형성하는 과정이기도 하다. 공공갈등관리와 관련된 법적 기반 구축과 관련해서 가장 시급한 것은 '갈등관리기본법(가칭)'의 제정이다. 법적 근거가 없이 대통령령으로 제정되었기 때문에 갈등관리의 실효성 측면에서 본질적인 한계를 내포하고 있다. 실제로 2010년 사회통합위원회는 갈등관리기본법 제정을 통해서 공공기관의 갈등예방 및 해결을 위한 책무를 중앙정부에서 지방자치단체 및 공공기관까지 확대하고, 범정부 차원의 갈등관리 정책수립 및 심의를 위한 상설조직으로 '갈등조정협의회'를 구성 · 운영하며, 갈등영향분석 실시 의무화, 갈등분야 민간단체 재정지원 등 시민사회와의 협력을 강화해야 한다고 주장하였다. 현재 '갈등관리기본법(가칭)'제정과 관련한 논의는'공공기관 갈등 예방 및 해결에 관한 규정'의 일부 내용을 보완하고 이를 기본법으로 격상하여 안정된 법적 지위 확보를 통해 국가의 갈등관리 책무를 부여하는 것으로 모아지고 있다(은재호, 2013)

많은 지방자치단체들이 스스로 '공공기관의 갈등예방과 해결에 관한 규정'을 벤치마킹하여 조례를 만들고 공공갈등에 대응하고 있다. 그러나 이러한 조례들도 '공공기관의 갈등예방과 해결에 관한 규정'과 유사한 이유로 실효성이 낮은 편이라 할 수 있다. 가칭 '갈등관리기본법'과 같은 상위법이 마련될 경우 지방자치단체의 공공갈등 관련 조례의 활용도도 활성화 되는 효과를 얻을 수 있을 것이다.

아울러 갈등예방에 대한 제도적 조치로서 국가공론위원회(가칭)의 제정도 필요하다. 특히 새만금 간척사업, 4대강 사업, 동남권 신공항건설 등 대형 국책사업이 상당부분 대통령 선거 등 정치논리에 따라 추진되고 있는 현실에 비추어 볼 때, 정부로부터 독립적인 기구를 통한 국민적 공감대 형성이 더욱 절실한 상황이다. 갈등관리기본법의 경우 갈등예방과 해결에 대한 정부의 자발적 노력을 전제로 한다. 그러나 국가적 차원에서 강한 의지를 갖고 추진하는 국책사업에 경우 이러한 노력을 기대하기는 쉽지 않다. 국책사업에 대한 갈등예방의 일환으로 프랑스의 CNDP와 유사한 독립행정기구를 설치하는 것을 골자로 하는 (가칭)국가공론위원회법의 필요성이 여기에 있다.

나아가 행정절차법과 지방자치법의 지속적인 보완 또한 필요하다. 가장 핵심적인 문제로 행정담당자들이 행정철차법 상의 갈등관리 규정들을 시행한다는 점인데, 공공갈등의 상당 부분은 행정관청이 직접적인 이해당사자가 된다는 점에서 행정 담당자가 주관하는 공청회는 사실상 그 절차의 객관성과 공정성, 형평성 등에 대한 문제제기에 취약할 수밖에 없다. 지방자치법에 의해 설치된 행정협의조정협의회, 중앙분쟁조정위원회, 지방분쟁조정위원회 등 정부 간 분쟁조정기구가 효과적으로 작동되고 있지 못하고 있는 것이 현실이다. 직권상정권한이 없거나 전문성, 독립성 등이 결여되어 있기 때문이다. 이러한 문제점을 극복하기 위한 방안으로 3개 위원회를 통합 운영하거나, 조정위원회가 아닌 합의형성기구로 전환하는 것이 필요하다는 의견이 제시되고 있다(정정화 외, 2013).

2) 제도적 장치의 구축

법적 기반의 구축을 위한 노력뿐만 아니라 법의 입법 취지를 실효적으로 뒷받침할 수 있는 제도적 장치의 설계와 운영 또한 중요하다. 이에 대하여 시급하게 개선되어야 사항으로는 정부 내 갈등관리 전담기구의 설치 및 강화, 갈등예방 해결 전문 민간연구기관의 육성과 전문가 양성 등으로 요약될 수 있다.

우선, 정부 내 갈등관리전담기구의 설치와 강화와 관련해서는 국민대통합위원회, 국무조정실 및 국민권익위원회의 역할을 재정립하는 것이 필요하며, 무엇보다 유기적인 협조체제 구축이 시급하다. 박근혜 정부 들어 새로 설립된 국민대통합위원회는 우리 사회에 내재된 상처와 갈등을 치유하기 위한 국민통합 정책을 기본방향으로 설정하고 이념, 지역, 계층, 세대, 시민사회 등 6개 분과를 구성해 운영하고 있다. 하지만 공공갈등관리와 관련하여 아직까지 자신의 역할을 구체화하고 있지 못한 상황으로 상징적 관리기구 수준에 머물고 있는 상황이다.

국무조정실은 국가 갈등관리 체제의 운영을 총괄적으로 지원할 수 있는 인력이나 역량을 구비하고 있지 못하고 있으므로, 국가 갈등관리 체제의 컨트롤타워로서의 면모를 갖출 수 있도록 전담기구를 확대 개편하는 방안이 필요하다. 예를 들어, 2004년도 지속가능발전위원회를 중심으로 논의되었던, 법 · 제도 연구, 교육프로그램 및 교재개발, 갈등관리프로세스 개발, 전문가 양성, 행정기관의 갈등관리 활동을 지원하는 범정부차원의 중앙 기구인 '갈등관리지원센터'로의 확대 개편도 고려해 볼만하다. 국민권익위원회는 실제 분쟁조정국에 다수의 실무역량을 확보하고 있다. 그러나 이들 역량을 공공갈등에 충분히 활용하고 있지 못한 것이 현실이다. 이들 기관의 역할 재정립과 유기적 협조가 활성화 되면 국가 갈등관리능력의 제고에 큰 기여를 할 것이다.

아울러 분야별, 기관별 갈등관리 전문기구의 설치 운영이 필요하다. 공공갈등 관리체제의 선진화를 위해서는 공공갈등을 유형별로 구분하여 맞춤형 접근을 시도하는 것이 보다 긴요하다는 주장이 설득력 있게 제기되어 왔다(김동영, 2008). 송전탑 건설관련 갈등, 장사시설 건설관련 갈등, 국방시설 관련 갈등 등은 갈등의 발생과 해결에 있어 독특한 특성을 가지고 있다. 이러한 특성에 부합하는 갈등관리체제와 전담기구의 설치 및 운영은 공공갈등관리의 실효성을 제고하는 크게 기여할 것이다. 기관별 특성에 맞는 갈등관리체제의 운영과 활성화도 필요하다. 각 중앙행정기관, 지방자치단체 및 공공기관별로 갈등관리 전담기구를 설치 · 운영해야 하지만 현재 중앙행정기관의 갈등관리 전담기구는 전무한 상태이다. 공군의 갈등관리실, 서울시청의 갈등조정담당관실, 부평구청의 갈등조정관 제도 등 극소수 기관에서 전담기구를 설치 운영하고 있는 실정이다.

갈등예방 및 해결 전문 민간연구교육기관의 육성도 요구된다. 정보제공부터 조정서비스 제공까지 공공갈등 관련 각종 서비스를 중립적 입장에서 제공된다면 우리 사회의 공공갈등 관리의 수준은 획기적으로 개선될 것이다. 현재 정부와 지방자치단체, 공공기관이 대안적 갈등해결방식을 활용하고 싶어도 준비된 역량이 없어 머뭇거리고 있는 경우가 많기 때문이다. 갈등관리 역량은 의사소통, 협상, 조정, 갈등영향분석, 참여형 의사결정, 관련 법 등 다양한 측면을 고려해야 한다. 이러한 작업은 민간연구교육기관을 통해 사회의 다양한 세력들을 참여하여 공동으로 생산하고 관리는 것이 바람직하다. 이러한 작업은 전문가의 양성과도 깊은 연관이 있다. 현재 우리 사회는 공공갈등 관리에 있어 소수의 엘리트 전문가가 독점하고 있는 상황이다. 자격과 능력을 갖춘 현장 전문가를 양성하여 이를 활용한다면 공공갈등을 보다 효율적이고 효과적으로 관리할 수 있을 것이다. 정부가 공공갈등 전문가 인증제를 도입, 실시한다면 공공갈등 현장 전문가들을 체계적으로 양성하는데 있어 획기적인 계기가 마련될 것이다.

3) 제도적 인프라 구축

공공갈등에 대한 합리적 사회규범이나 행위규범이 확립된다면 우리 사회 공공갈등 관리역량의 주요한 자산이 될 것이다. 공공갈등을 예방하고 해결하는데 있어 공동의 규범은 공공갈등으로 인한 불필요한 사회적 비용의 낭비를 방지할 수 있기 때문이다. 이를 위해서는 체계적인 교육훈련 프로그램을 마련하고 운영해 나가야 한다. 특히 현재 정부 및 공공기관, 시민단체 등에서 다양하게 행해지는 갈등관리 교육의 통합성을 제고할 필요가 있다.

마지막으로 민관 협력 네트워크의 구축이 필요하다. 현대 사회의 근본적인 갈등예방 및 해결 기제는 민관협력 네트워크 체계의 성공적 정착에 있다고 할 수 있다. 민관협력 네트워크 체계의 구축은 20세기 정부실패의 결과로부터 부상한 패러다임이다. 공공갈등이 기본적으로 민–관 분쟁의 성격을 띠고 있는 것이 대부분이기 때문에 민관 협력 네트워크의 구축은 실효적 공공갈등 관리의 중요한 밑바탕이 된다. 현재 우리 사회는 정부–시민의 수평적 파트너십에 근거한 성공적 공공갈등 관리 사례가 많지 않다. 시화지구지속가능발전협의회의 활동을 제외하고는 그 사례를 찾아보기 힘들다.

민관협력 네트워크의 구축과 운영을 통한 공공갈등 예방 및 해결사례를 창출할 수 있도록 지속적인 관심과 투자가 요구된다. 따라서 안정적인 재원 마련을 위한 노력이 필요하다. ADR 활용에 기초한 미국의 공공갈등관리체제의 확립에는 몇몇 민간재단의 재정지원이 결정적이었다. 한국의 경우 미국과 달리 민간재단으로부터의 지지기반이 취약하기 때문에 일정 기간 정부가 재원을 마련하여 제공한다면, ADR 서비스 및 다양한 갈등해결서비스 시장 개척에 원동력이 될 것이다.

토론 사항	– 공공갈등 관련 법제가 갈등해결에 미치는 영향에 대해 토론해보자. – 공공갈등 관련 법제와 시민의식과의 관계에 대해 토론해보자. – 주요국 공공갈등 관련 법제의 시사점에 대해 토론해보자. – 한국의 공공갈등관련 법제에서 가장 문제가 되는 점은 무엇인가? – 한국의 공공갈등 관련 법제의 개선방안에 대해 탐색해보자.

참고문헌

강영진(2010), 「선진국의 갈등 해결 · 예방제도와 산국에의 시사점」, 『한국행정학회』.

김동영(2008), 「한국의 갈등관리시스템에 대한 평가 및 개선전략」, 『KDI공개정책토론회자료집』.

김학린(2010), 「우리나라 공공갈등의 현황과 특징」, 한국행정학회.

나태준 외(2004), 『갈등해결의 제도적 접근: 현행 갈등관련 제도분석 및 대안』, 한국행정연구원.

박재근 외(2014), 「프랑스 국가공론위원회' 설립에 관한 연구」, 『한국비교정부학회보』 18-1: 229-254.

박재창(2004), 「한국의 사회갈등과 시민사회의 역할」, 『제25회 시민사회포럼 발표자료집』, 시민사회포럼.

심준섭(2012), 「국내 행정형 ADR 기구의 비교분석: 문제점과 대안」, 『공존협력연구』 1-1: 39-67.

은재호 외(2008), 『참여적 의사결정을 통한 갈등해결방안 연구』, 한국행정연구원.

은재호(2013), 『공정사회와 갈등관리』, 법문사.

임동진 · 이로리(2012), 『대안적 갈등해결방식(ADR)제도의 운영실태 및 개선방안 연구』, 한국행정연구원.

임동진 · 김재일(2010), 『중앙정부 공공갈등관리 실태분석 및 효과적인 갈등관리 방안 연구』, 한국행정연구원.

임병인(2013), 『분할연금제도와 이혼숙려제고의 이혼에 대한 경제적 유인효과』, 한국경제연구원 사회통합센터 working paper 13-02.

정정화(2012), 「공공갈등 예방을 위한 제도적 접근: 공공토론제도의 도입을 중심으로」, 『한국정책연구』 12-2: 311-336.

정정화 외(2013), 『민관협치 강화를 위한 국민참여 모델 개발 및 법적근거 연구』, 서울행정학회.

채종헌 외(2010), 『참여적 갈등관리기법 선진화 방안』, 한국행정연구원.

하혜영(2012), 「행정형 ADR 기구의 제도설계에 대한 비교 연구」, 『분쟁해결연구』 10-2: 29-62.

현대호 외(2012), 『공공분야 갈등관리 전문기구에 관한 법제연구』, 법제연구원.

4 한국사회 공공갈등 현황

학습 목표	• 우리나라 공공갈등의 현황파악 • 우리나라 공공갈등의 특성과 주기적 흐름 이해

1. 공공갈등의 일반적 현황

1) 공공갈등의 유형

공공갈등의 유형을 환경, 이념, 노동, 지역, 계층, 교육 6개의 분야로 구분하여 살펴보았다. 가장 높은 비율을 보이는 유형은 노동갈등으로 약 28%로 나타났다. 다음으로는 지역갈등이 약 22%로 나타났으며, 계층갈등 약 20%의 순으로 뒤를 이었다. 노동갈등의 경우 일반적으로 공공갈등으로 다루어질 수 없지만 해당 부분은 노동갈등 중 정부가 개입한 갈등만을 대상으로 현황을 조사하였다. 지역갈등은 중앙정부 대 지방정부, 지방정부 대 지방정부, 지방정부 대 주민, 주민 대 주민 등의 갈등을 중심으로 조사하였다. 계층갈등은 재개발, 세대간 갈등으로 구분하여 조사하였다.

가장 낮은 비율을 보인 갈등은 이념갈등으로 약 6%의 비율을 보였다. 다음으로 낮은 비율을 보인 갈등은 교육갈등으로 11%로 나타났으며, 환경갈등은 13%로 나타났다. 이념갈등의 경우 1990년대 초반까지 나타났으나, 이후 발생비율이 현저하게 낮아졌다. 하지만 최근 정치적 이념갈등이 증가하는 추세를 보이고 있다. 환경갈등의 경우 비율적으로는 13%로 낮은 수준이지만 점차적으로 증가하고 있다.

〈표 4-1〉 공공갈등의 유형별 현황

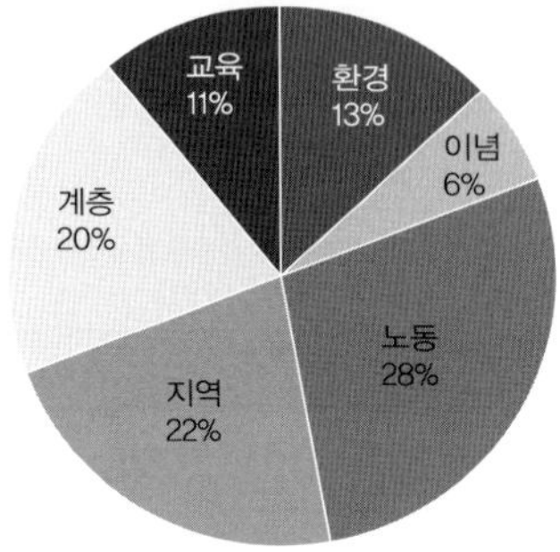

유형	빈도
환경	124
이념	57
노동	254
지역	198
계층	186
교육	103
Total	922

2) 공공갈등의 성격

다음으로 공공갈등의 성격별 현황을 조사하였다. 성격은 이익 대 이익, 이익 대 가치, 가치 대 가치갈등으로 구분하였다. 가장 높은 비율을 보인 것은 이익 대 이익갈등으로 약 64%로 나타났다. 다음으로는 이익 대 가치갈등이 26%로 나타났으며, 가치 대 가치갈등이 약 10%로 나타났다. 그러나 이익 대 가치 갈등이나 가치 대 가치 갈등의 경우 갈등 초기 당사자들은 가치적인 측면에서 접근하지만 갈등 과정에서 본연의 이해관계가 드러날 경우 이익에 관한 갈등으로 변화하는 경향이 있다. 이러한 부분을 고려한다면 이익 대 이익 갈등의 비중은 더욱 증가할 수 있다.

〈표 4-2〉 공공갈등의 성격별 현황

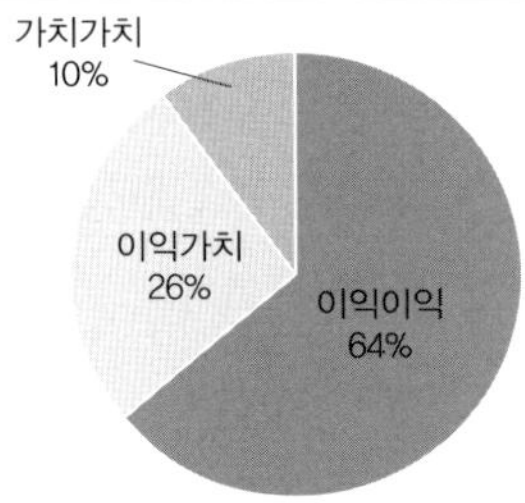

성격	빈도
이익-이익	591
이익-가치	236
가치-가치	95
Total	922

3) 공공갈등의 종류

공공갈등 종류별 현황은 관/민갈등, 관/관갈등, 민/민갈등으로 구분하였다. 관-민갈등은 중앙 및 지방정부 대 주민들의 갈등을 의미하고, 관/관갈등은 중앙정부 대 중앙정부, 지방정부 대 지방정부, 중앙정부 대 지방정부의 갈등으로 정부 간 갈등을 지칭한다. 민-민갈등은 주민 대 주민의 갈등을 말한다. 관/민갈등이 가장 높은 약 65%의 비율을 보였고 다음으로 민/민갈등은 약 29%로 나타났으며, 관/관갈등은 약 6%의 비율이었다.

가장 높은 비율로 나타난 관/민갈등의 원인이 어느 쪽이 주도한 정책에 의한 것이었는지를 다시 한 번 조사하였다. 조사결과 관 주도가 67%, 민간 주도가 33%로, 관 주도가 상대적으로 높은 비율을 보였다. 이와 같이 관/민갈등의 경우 정부가 주도한 정책으로 인해 갈등이 발생하는 비율이 높다고 볼 수 있다. 이를 일반적으로 해석하면 정부의 잘못된 정책 추진으로 인해 갈등이 발생했다고 볼 수 있으나, 대부분 공공갈등은 정책의 질을 떠나 이해관계자의 관심사에 차이가 있을 경우 발생한다. 특히 불확실한 미래를 대상으로 한 정책을 추진할 경우 변화에 대한 두려움으로 인해 이해관계자들의 반발이 일어나고 갈등이 발생한다. 이러한 미래지향적인 정책추진은 대부분 정부가 추진하는 경우가 많기 때문에 관이 주도한 정책으로 인해 갈등의 발생 비율이 높게 나타난 것으로 해석할 수 있다.

〈표 4-3〉 공공갈등의 종류별 현황

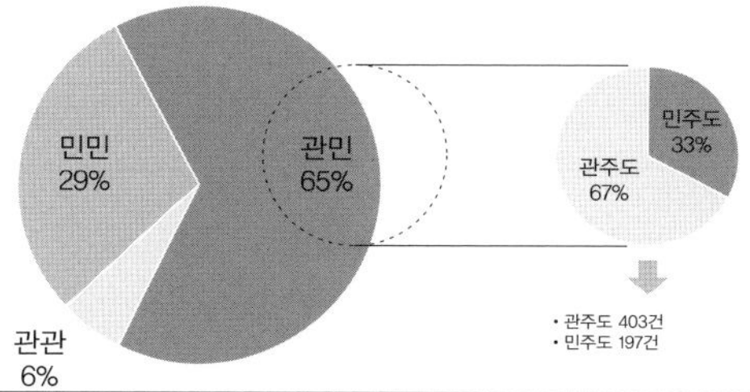

종류	빈도
민/민	268
관/민	596
관/관	58
Total	922

4) 님비 · 핌피

공공갈등을 님비(NIMBY–not in my backyard), 핌피(PIMFY–Please in my front yard), 혼합(님비와 핌피가 동시 발생)으로 구분한 결과 님비가 68%로 가장 높은 비율을 보였으며, 혼합이 약 17%, 핌피로 인한 갈등이 약 15%로 조사되었다. 모든 공공갈등에 님비 혹은 핌피현상이 일어난 것은 아니며, 이와 같은 현상이 발생한 약 220건에 발생한 갈등 사례를 조사한 결과이다.

님비현상의 경우 고질적인 공공갈등의 발생 원인으로 지속적으로 증가하고 있다. 핌피현상은 님비현상과는 반대로 선호시설이나 정책을 유치하기 위한 경쟁과정에서 발생하는 갈등으로 과거에는 자주 등장하지 않았으나 최근에 지속적으로 비율이 높아지고 있다. 특히 지역경쟁력강화를 위한 사업이나 정책 등이 추진되고 이에 대한 지역사회에 관심이 높아지면서 과거에는 크게 관심을 받지 않았던 유 · 무형의 경쟁력 강화요인들이 주목을 받게 되었고, 지자체별로 동일한 사업이나 정책 등이 중복되어 추진되면서 해당 갈등은 더욱 증가되고 있다. 한편으로는 정보가 다양해지고 주민들이 지역시설에 대한 이해와 경험이 축적되면서 일부 이해관계자들에게 과거에는 비선호시설이었던 대상이 선호시설로 인식되고 선호시설이었던 대상이 비선호시설로 인식되는 등 님비와 핌피현상을 둘러싼 혼합적인 성격도 점차 증가하고 있는 실정이다.

〈표 4-4〉 님비 · 핌피별 현황

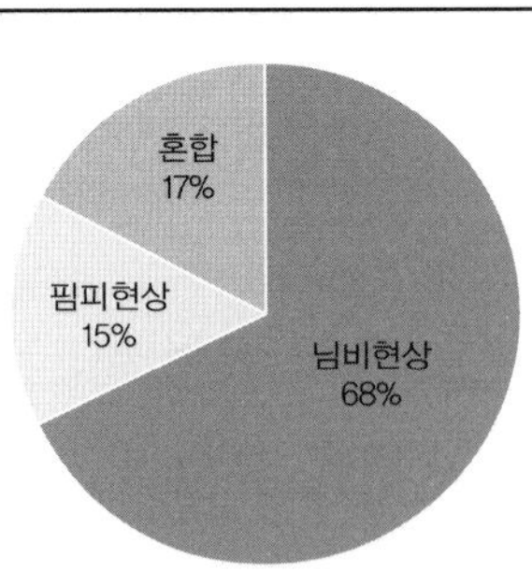

성격	빈도
님비	150
핌피	33
혼합	37
Total	220

5) 공공갈등의 종결 현황

지금까지 공공갈등의 유형, 종류, 성격 등을 살펴보았다. 그럼 이와 같은 공공갈등들이 어떠한 방식으로 종결되었는지 살펴보겠다.

공공갈등의 종결 형태는 협상, 조정, 중재, 행정집행, 주민투표, 법원판결, 진압, 자진철회, 소멸, 입법으로 구분할 수 있으며, 이외에는 현재 진행 중인 갈등이다.

가장 높은 비율을 보인 것은 행정집행으로 약 23.5%의 비율로 나타났고 이어 협상이 약 21.1%로 나타났다. 이후에는 다소 큰 비율차이를 보이면서 소멸이 약 14.6%의 비율을 차지했고 다음으로 자진철회가 약 12.5%였다. 10% 미만의 비중을 차지한 종결 형태로는 입법이 약 8.8%로 나타났으며, 법원판결이 약 8.6%로 나타났다. 나머지는 5%로 미만으로 진압이 약 2%, 중재는 약 1.7%, 조정과 주민투표가 동일하게 1.6%의 비율을 보였다.

관점에 따라 다소 차이는 있지만 일반적으로 협상, 조정, 중재는 긍정적인 방식의 종결 형태로 볼 수 있다. 이중 협상이 가장 높은 비율을 차지하고 있으나, 이는 조사대상 중 노동갈등의 비율이 높았던 점이 영향을 준 것으로 판단할 수 있다. 노동갈등의 경우 대부분 협상으로 종결되기 때문에 협상은 노동을 제외한 기타 공공분쟁에서는 현저하게 낮은 비율을 보이고 있다. 조정, 중재의 경우 약 5% 미만의 비율을 보이고 있어 긍정적인 방식의 종결형태의 사례는 부족한 것으로 볼 수 있다.

이외에 행정집행, 법원판결, 진압, 소멸, 입법 등의 종결방식은 일방적인 행위를 통해 갈등을 종결시키는 것으로 이해할 수 있다. 해당 방식은 부정적인 종결방식이라기 보다는 이해관계자들의 조율 없이 종결되는 과거의 방식으로 평가할 수 있다. 특히 법원판결의 경우 갈등이 시작된 최초 시점부터 적용할 경우 긍정적 효과를 거둘 수 있지만 대부분의 경우 마지막 수단으로 활용한다는 점에서 부정적 의미가 강하다. 소멸의 경우 역시 장기간동안 대립

상태가 이어지다가 이후 흐지부지 되면서 소멸되는 형태로 많은 자원과 시간을 소모함에도 아무도 긍정적인 결과를 얻지 못한다는 점에서 최악의 형태로 볼 수 있으며, 갈등관리가 없이 방치된 사례로 볼 수 있다. 이와 같은 소멸의 비율도 낮지 않다는 점에서 우리나라의 갈등관리 실태를 짐작할 수 있다. 그러나 종결 형태를 살펴보는데 있어서 조정, 중재, 협상이 무조건 긍정적인 결과를 가져온다는 것은 아니며, 그동안 이루어져 온 일방적인 종결방식이 아니라 적절한 대안적 방식을 찾기 위한 모든 이해관계자들의 합의과정이 중요하다.

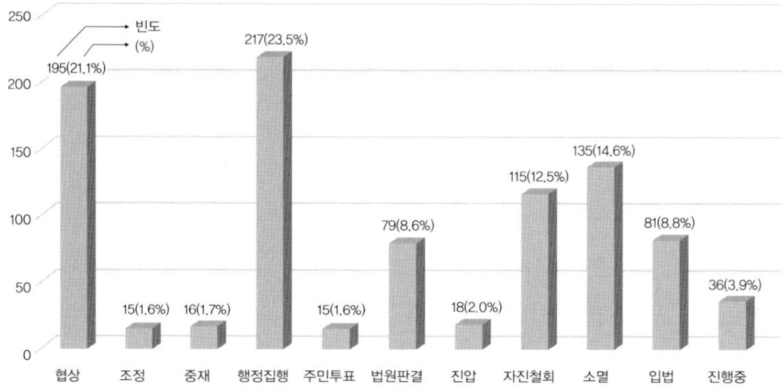

〈그림 4-1〉 최종 공공갈등 종결방법

2. 시민단체 및 경찰의 개입현황

1) 시민단체

공공갈등에 개입하는 이해관계자들 중 시민단체의 영향력이 크기 때문에 따로 구분하여 현황을 살펴보았다. 공공갈등 중 시민단체가 참여한 비율은 약 41%로 나타났으며, 참여하지 않는 비율은 약 59%로 나타났다. 시민단체의 공공갈등 참여비율 그 자체가 크게 중요하지 않지만 어떠한 형태로 참여했는가는 보다 세심하게 살펴볼 필요가 있다.

〈표 4-5〉 시민단체 참여여부

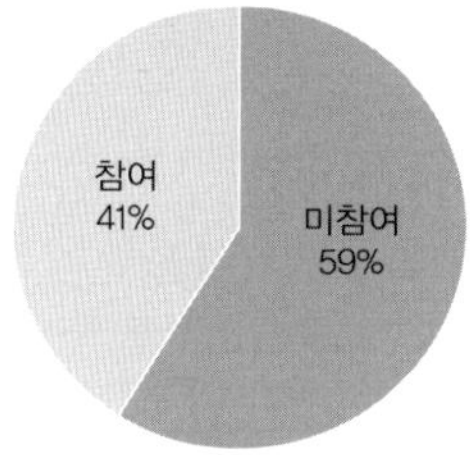

참여여부	빈도
참여	545
미참여	377
Total	922

시민단체가 개입한 공공갈등 중 당사자로 참여한 비율은 약 28%이고, 비당사자로 참여하거나 참여하지 않은 비율은 약 72%로 나타났다. 여기서 당사자로 참여했다는 의미는 시민단체가 공공갈등의 쟁점에 직접적인 이해관계를 가지고 있는 경우를 말한다.

〈표 4-6〉 당사자로 시민단체 참여여부

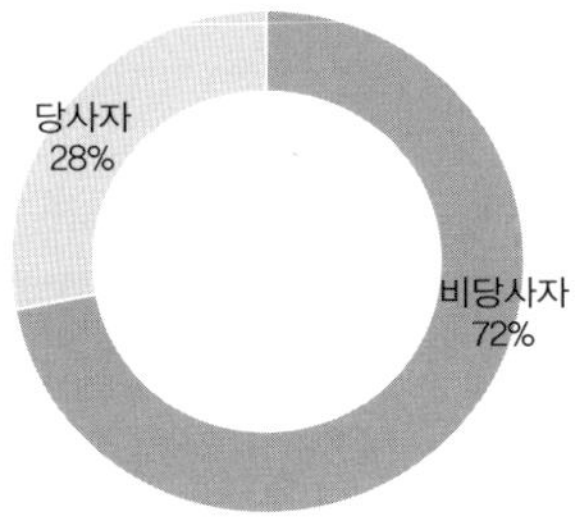

당사자여부	빈도
당사자	247
비당사자	639
Total	922 (Missing 값 36명 포함)

한편 제3자로 참여한 경우는 약 15%의 비율을 보이고 있으며, 이외의 개입형태(참여하지 않음 포함)는 약 85%로 나타났다. 시민단체는 공공갈등에 제3자로서 개입하여 조정 및 중재의 역할을 해주는 것이 가장 긍정적인 사회

적 기여라 할 수 있다. 그러나 제3자로서의 개입비율이 당사자로서의 개입비율보다 낮은 것으로 나타나 공공갈등을 관리하기 위한 시민단체의 역할은 아직 미흡하다고 판단할 수 있다.

〈표 4-7〉 제3자로 시민단체 참여여부

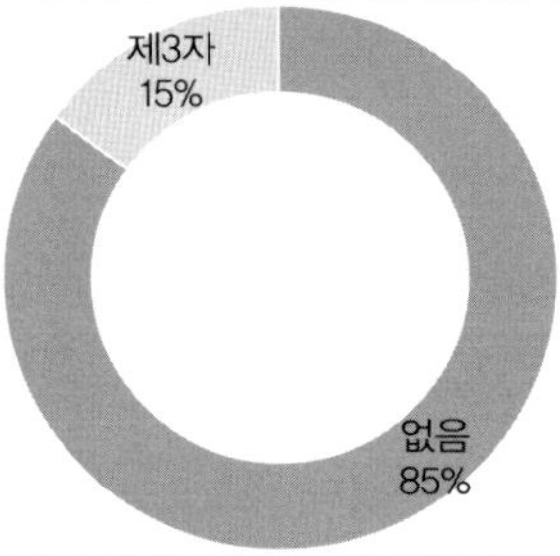

여부	빈도
제3자	131
없음	755
Total	922 (Missing 값 36명 포함)

2) 경찰

시민단체의 개입과 더불어 주요하게 살펴봐야할 부분이 정부의 역할이지만 정부의 경우 당사자 입장인 경우가 대부분이기 때문에 갈등과정에서 중립적이고 객관적인 역할을 수행하는 경찰의 개입현황을 조사하였다.

조사결과 공공갈등에 경찰이 개입한 경우는 약 18%로 조사되어 대부분 공공갈등에서 경찰의 개입이 나타나는 비율이 높지는 않은 것으로 나타났다.

〈표 4-8〉 경찰 개입여부

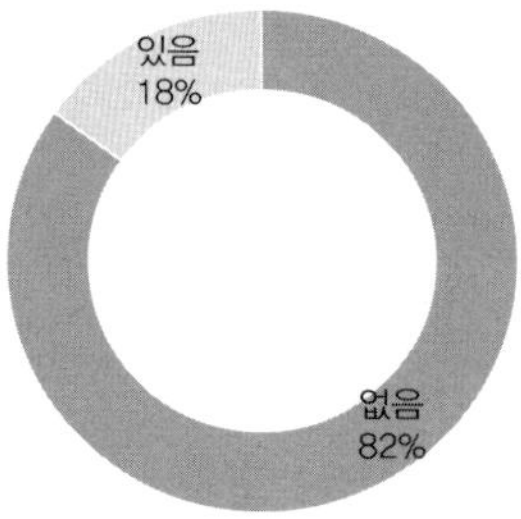

경찰개입	빈도
있음	152
없음	692
Total	922 (Missing값 78명 포함)

3. 시계열 및 지역 현황

1) 연도별 공공갈등 발생 및 종료

1990년부터 2014년까지 공공갈등의 발생현황을 조사한 결과 공공갈등은 지속적으로 증가하고 있는 추세를 보였고 이를 통해 향후에도 공공갈등발생 비율은 증가할 것으로 예측할 수 있다.

균일하지는 않지만 주기별로 공공갈등의 발생이 증가했다가 감소하는 규칙성도 나타났다. 이와 같은 규칙성은 주로 정부가 바뀌고 약 1~2년 사이에 공공갈등이 증가하는 형태로 나타난다.

특히 공공갈등의 발생이 2003년부터 증가하여 2004년과 2005년 사이에 비율이 급증한 것으로 나타났으며, 이 시점을 기준으로 공공갈등의 증가비율이 높아졌다는 것을 알 수 있다. 이는 노무현 정부가 들어서면서 '참여정부'라는 기조 하에 정부에서 추진하는 정책이나 사업에 관련한 이해관계자들의 참여가 증가함에 따라 이해관심사가 다양해져 공공갈등도 함께 증가한 것으로 판단할 수 있다.

참고로 공공갈등을 공식적으로 시스템화하여 관리하기 시작한 것도 참여정부 시기인 2007년 5월 '공공기관의 갈등예방과 해결에 관한 규정'이 대통령령으로 시행되면서 부터이다.

2014년 갈등증가 비율이 낮은 이유는 실제 공공갈등발생 비율이 낮아서가 아니라 아직 갈등사례 데이터베이스가 충분히 수집되지 못했기 때문이다.

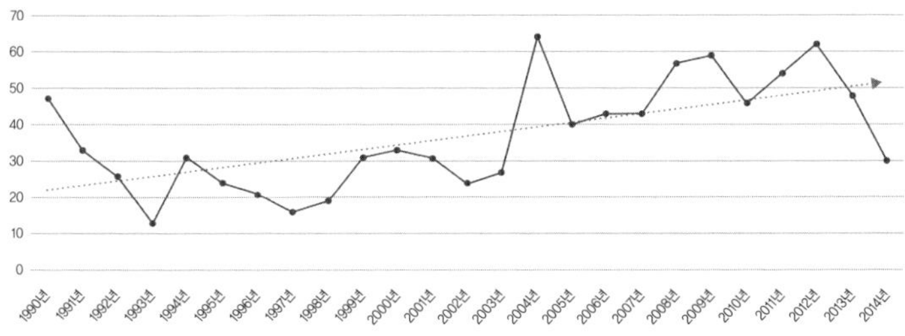

〈그림 4-2〉 년도별 공공갈등 발생건수

공공갈등종료현황도 공공갈등발생현황과 유사한 추이를 보이고 있다. 노무현 정부가 들어서면서 공공갈등이 증가했지만 공공갈등관리 시스템을 도입하는 등의 노력을 보이면서 공공갈등종결현황도 늘어나고 있다. 하지만 이는 공공갈등의 해결이 아니라 종결이라는 점에서 그 자체를 긍정적 혹은 부정적으로 평가할 수는 없으며, 평가를 위해서는 더 다양한 데이터베이스를 분석해야 한다.

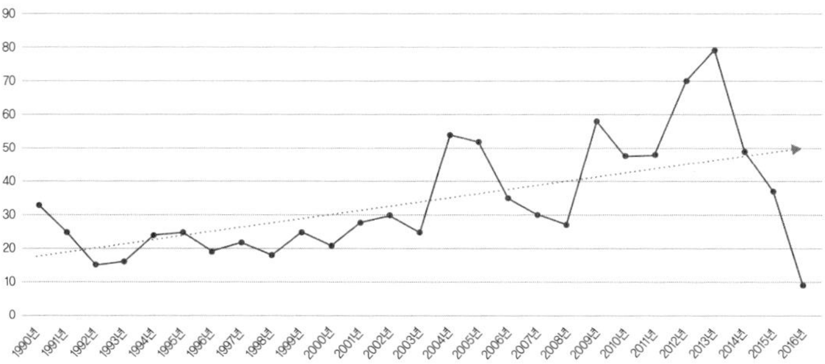

〈그림 4-3〉 년도별 공공갈등 종료건수

2) 월별 공공갈등 발생 · 종료

다음으로 월별로 공공갈등의 발생 및 종료현황을 살펴보았다. 1월에서 12월로 갈수록 공공갈등의 발생은 점차 감소하는 것으로 나타났다. 이러한 현상이 나타나는 이유는 추운 겨울로 갈수록 물리적 활동을 필요로 하는 공공갈등이 줄어든다고 볼 수도 있지만 그보다는 공공갈등 자체가 이해관계자 자신들의 피해상황이나 정부의 부정적인 측면을 외부로 부각시키기 위해 발생하는 측면도 있기 때문에, 크리스마스와 연말연시로 인해 문제에 대한 관심도가 떨어지는 12월로 갈수록 공공갈등의 발생이 줄어드는 것이라고 해석할 수 있다. 이는 그동안 축적되었던 공공갈등이 다음 해 1월에 급증하게 되는 현상과도 이어진다. 더불어 외부축제 및 행사가 많은 5월에는 공공갈등의 발생비율이 가장 높은 것으로 나타났다.

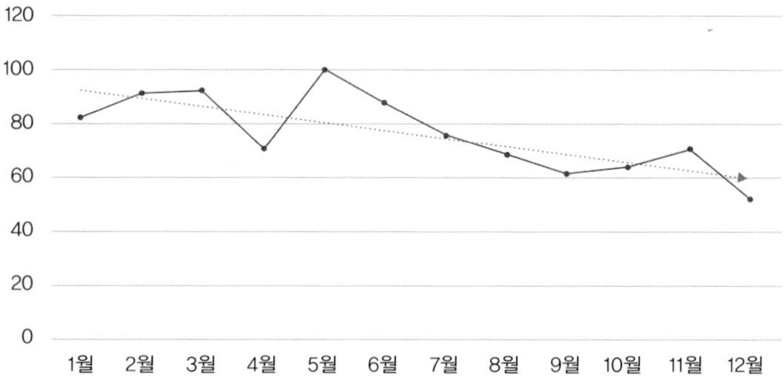

〈그림 4-4〉 월별 공공갈등 발생건수

공공갈등 종료의 경우 12월로 갈수록 전체적으로 점차 증가하는 것으로, 발생건수와는 반대의 상황이 나타났다. 공공갈등은 12월에 가장 많이 종료되었고, 5~6월에도 종결건수가 다소 늘어나는 경향을 보였다. 이러한 현상이 발생하는 이유로는 정부가 정책이나 사업을 상 · 하반기 말에 종결시킨다는 점에서, 정책 및 사업의 종결시점과 공공갈등의 종결현황과 유사하기 때문으로 판단할 수 있다.

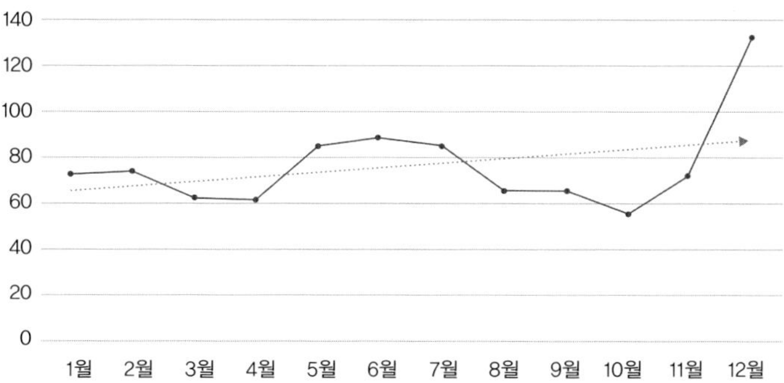

〈그림 4-5〉 월별 공공갈등 종료건수

3) 정부별 공공갈등발생

공공갈등의 발생현황을 정부별로 재구성하여 살펴보았다. 공공갈등의 발생은 점차적으로 증가하여 노무현 정부에 들어서면서 급증했으며, 이명박 정부에 공공갈등이 가장 많이 발생했다. 한편, 박근혜 정부 때 낮은 비율을 보이는 것은 아직 해당 데이터베이스가 이 시기의 공공갈등사례를 모두 파악하기 못했기 때문으로, 추후 공공갈등사례를 더욱 충족시켜 박근혜 정부 시기의 정확한 공공갈등 추세를 파악할 필요가 있다.

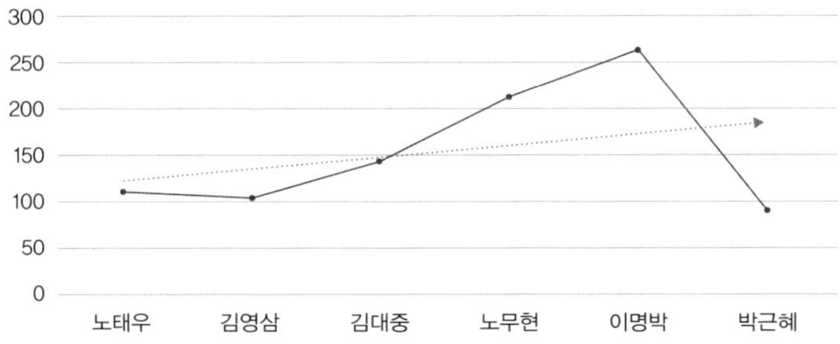

〈그림 4-6〉 정부별 공공갈등 발생건수

4) 지역별 현황

우리나라의 지역별 공공갈등현황을 살펴보면 수도권이 약 31.8%로 가장 높은 비율을 차지하고 있다. 수도권 중에서도 서울특별시가 약 15%, 경기도가 약 11%, 인천광역시가 약 4%의 공공갈등발생 비율을 보였다. 다음으로는 경상남도가 약 11.5%의 비율을 보였다. 전체적으로는 도 단위까지 포함해도 서울지역에서 가장 많은 공공갈등발생비율을 보였으며, 이를 통해 인구수가 많이 분포된 지역일수록 공공갈등발생 비율도 높게 나타난다는 사실을 알 수 있다.

경상북도가 약 6.1%로 경상남도 다음으로 높은 비율을 보였으며, 강원도 약 4.8%, 충청남도 4.0%, 전라북도 및 남도가 동일하게 약 3.5%로 나타났다. 제주도를 제외하고는 충청북도가 약 3.0%로 가장 낮은 비율을 보였다. 제주도는 약 0.8%로 나타났다.

약 30.1%의 비율을 차지하는 '전국' 단위의 공공분쟁은 일부 지역에만 영향을 주는 정책이나 사업으로 인한 갈등이 아닌 영향력의 범위가 전국적인 정책이나 사업으로 인해 발생하는 갈등의 비율을 제시한 것이다.

강원도의 경우 약 4.8% 비율로 공공갈등발생 건수가 많지는 않았지만 최근 증가율은 가장 높았다. 강원도의 경우 개발계획의 증가와 자연보존이라는 측면이 충돌하면서 공공갈등의 비율이 증가한 것으로 판단할 수 있다.

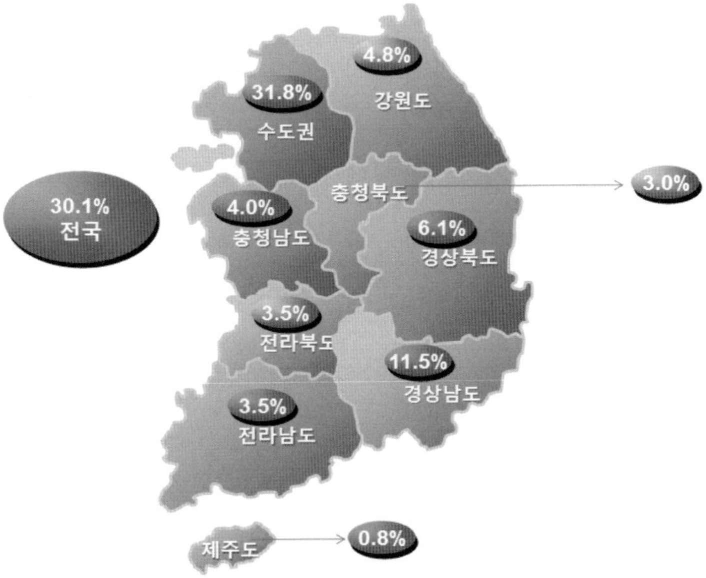

〈그림 4-7〉 전국별 공공갈등 분포 현황

특정 지역의 공공갈등발생 빈도수가 높다고 해서 해당 지역이 갈등관리가 부실하다고 해석하거나 빈도수가 낮은 지역이 갈등관리시스템이 잘 되어있다는 식으로 평가할 수 없다. 공공갈등자체가 부정적인 것이 아니라 정부의 정책이나 사업을 수정 · 보완할 수 있는 기회를 제공한다는 점에서 공공갈등이 가지고 있는 긍정적인 측면도 적지 않기 때문이다.

4. 공공갈등 지속일수별 현황

1) 유형별 지속일수 현황

유형별 지속일수 현황을 보면 환경갈등이 약 841일로 가장 긴 지속일수를 보이고 있고 이어 계층갈등이 약 671일, 지역갈등이 약 663일로 나타났다. 이념갈등이 약 588일로 나타났으며, 교육갈등은 약 540일로 나타났다. 가장 짧은 지속일수를 보인 유형은 노동갈등으로 약 287일로 나타났다.

환경갈등의 경우 앞서 살펴본 유형별 현황에서는 약 13%로 높지 않은 비율을 차지하고 있었고 이념갈등의 경우 역시 약 6%의 비율에 그쳤다. 하지만 환경갈등의 경우 가장 긴 지속일수를 보이고 있으며, 이념갈등도 발생현황에 비해 상대적으로 높은 지속일수를 보이고 있다.

이 두 가지 유형의 공통점은 이익보다는 가치라는 요소가 강조되는 갈등유형이고 이러한 점이 지속일수의 장기화에 영향을 준다고 판단할 수 있다.

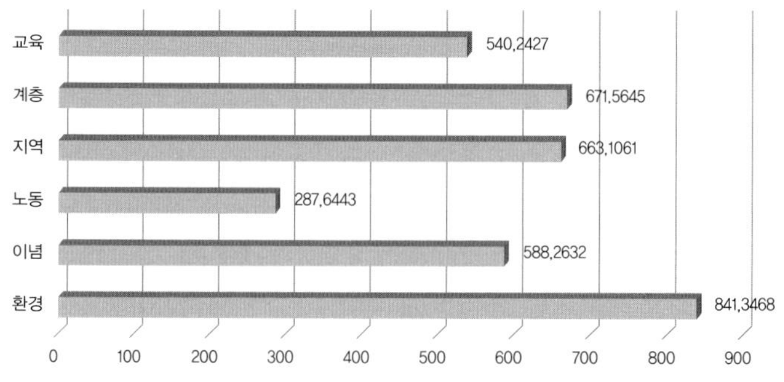

〈그림 4-8〉 공공갈등 유형별 지속일수 현황

2) 성격별 지속일수 현황

공공갈등의 종류별 지속일 수를 살펴보면 이익–가치갈등이 약 705일로 가장 높은 지속일수를 보이고 있으며, 가치–가치갈등이 약 675일 지속된 것으로 나타났다. 이익–이익갈등이 약 494일로 가장 짧았다. 앞서 유형별 지속일수에서도 언급하였듯이 공공갈등에 가치라는 측면이 포함될 경우 지속일수가 늘어나는 점을 재확인할 수 있다. 지속일수라는 측면에서 가치–가치, 이익–가치갈등처럼 가치가 포함되는 경우와 이익–이익갈등과의 차이는 확연하게 나타나고 있었다.

이러한 측면에서 보면 이익 대 이익의 경우 이해관계가 분명하고 대립하고 있는 양 측 역시 서로간의 이해관계를 분명하게 파악하고 있으며, 쟁점도 명확하기 때문으로 판단된다.

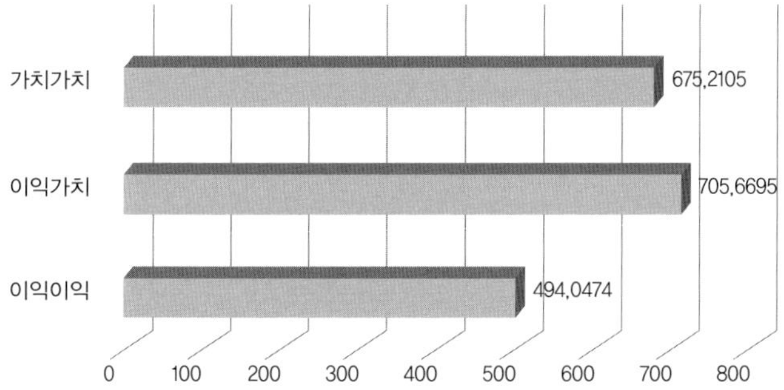

〈그림 4–9〉 공공갈등 성격별 지속일수 현황

3) 종류별 지속일 수 현황

공공갈등 성격별 현황을 보면 관–관갈등이 약 738일로 가장 높은 지속일수를 보였으며, 이어 관–민갈등이 약 536일, 민–민갈등이 약 375일로 나타났다. 정부가 참여한 갈등일수록 공공갈등 지속일수가 길어진다는 사실을 알 수 있다.

민-민갈등의 경우 전술한 바와 같이 노동갈등이 큰 비중을 보였으며, 노동갈등의 경우 대부분 이익갈등이기 때문에 이해관계가 명확하고 쟁점이 분명하여 갈등의 지속일 수가 짧았다고 판단할 수 있다.

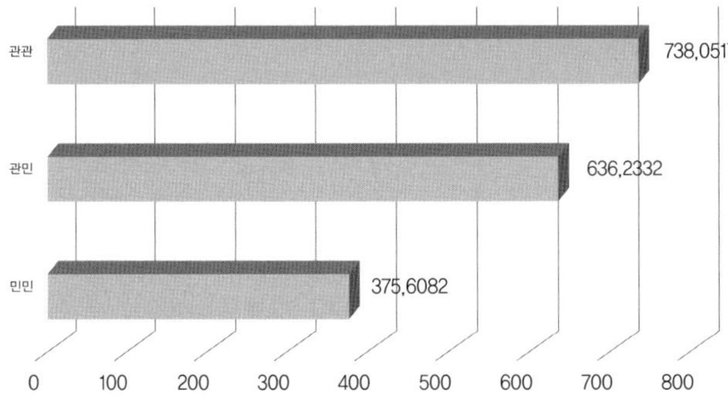

〈그림 4-10〉 공공갈등 종류별 지속일수 현황

4) 종결유형별 갈등지속 일수

다음은 갈등종결유형에 따른 갈등의 지속일수를 살펴보았다. 법원판결이 약 1,046일로 가장 긴 지속일수로 기타 종결유형들과 큰 차이를 보였다. 이어 입법이 약 780일로 뒤를 이었고, 행정집행이 약 611일로 나타났다. 나머지 500일 이상 기준으로는 소멸이 약 557일, 주민투표 551일, 진압 약 502일로 나타났다.

일반적으로 법원판결과 입법 등 사법과정을 거칠 경우 공공갈등은 장기화되는 것으로 판단할 수 있다.

500일 미만의 지속일수를 나타나는 종결유형은 자진철회가 약 356일, 협상이 약 351일, 중재가 약 315일, 조정이 약 285일로 나타났다. 자진철회의 경우 정책이나 사업으로 인해 갈등이 발생한 경우 정부가 정책이나 사업의 추진을 철회하는 경우가 있으며, 주민이 정책과 사업을 받아들여 정부에 대립하는 자신들의 이해관계를 철회하는 경우가 있다. 양쪽 모두 사례나 성격에 따라 긍정적, 부정적 측면이 나타날 수 있다.

전술한 바 가장 바람직한 갈등관리로 인식되고 있는 협상, 조정, 중재의 경우 약 350일 미만으로 상대적으로 짧은 지속기간을 보이고 있어 바람직한 갈등관리방식이 긍정적으로 작용했다고 판단할 수 있다.

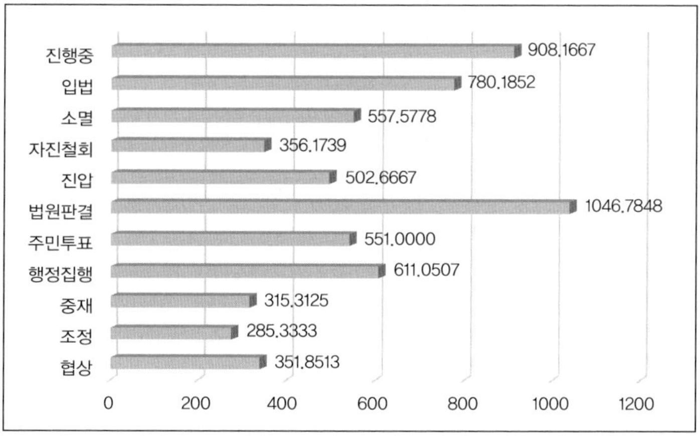

〈그림 4-11〉 공공갈등 종결별 지속일수 현황

5) 시민단체 및 경찰

공공갈등에 시민단체가 개입한 경우 평균 갈등지속일수는 약 834일이었으며, 개입하지 않은 경우 약 381일로 나타나 시민단체가 개입한 경우 갈등지속일수가 개입하지 않은 경우보다 2배 이상 늘어나는 것으로 나타났다.

해당 결과로 보면 시민단체가 개입할 경우 갈등이 장기화된다는 부정적인 측면으로 해석할 수 있지만, 공공갈등 과정에서 시민단체의 역할을 단순히 지속일수로만 평가할 수는 없다. 만약 시민단체가 개입한 경우 공공갈등의 재발비율이 낮아진다면, 오히려 기간은 장기화 되었지만 문제가 발생할 수 있는 부분을 철저하게 점검하여 갈등의 재발비율을 낮추는 긍정적인 측면이 있다고 볼 수 있기 때문이다.

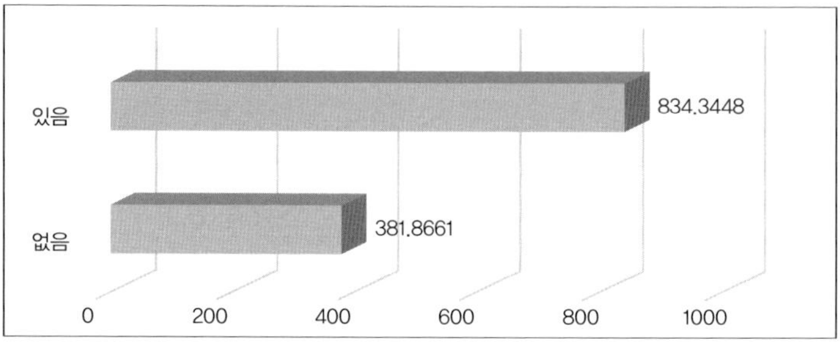

〈그림 4-12〉 시민단체 참여여부별 지속일수 현황

경찰의 개입여부를 조사한 결과 경찰이 개입할 경우의 평균지속 일수는 약 429일로 나타났으며, 개입하지 않을 경우 약 620일로 나타났다. 경찰이 개입할 경우 갈등지속일수가 줄어드는 것으로 나타났다. 해당 결과도 시민단체의 개입여부와 마찬가지로 경찰의 개입과 갈등의 지속일수 감소가 해당 공공갈등에 어떠한 영향을 주는지는 명확하게 평가할 수는 없다.

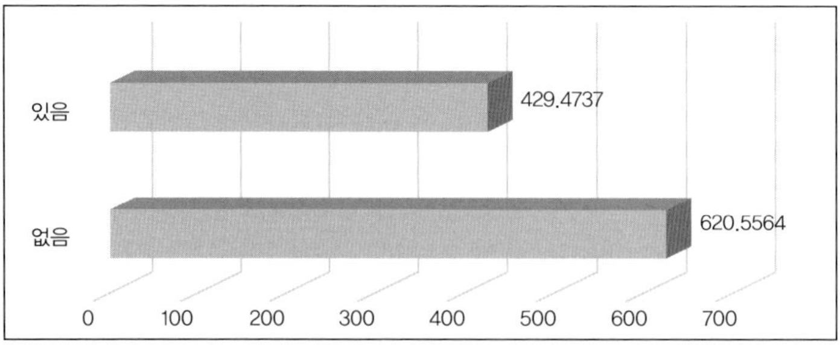

〈그림 4-13〉 경찰 개입여부별 지속일수 현황

6) 정부별 지속일수

정부별 갈등지속일수를 살펴보면 노무현 정부가 약 660일로 가장 긴 지속일수를 보였다. 다음으로 김대중 정부로 약 626일, 이어 노태우 정부가 약 613일로 나타났다.

김영삼 정부는 약 560일로 나타났으며, 이명박 정부는 약 521일로 나타났다. 박근혜 정부는 약 334일이지만 박근혜 정부 시기의 공공갈등에 관한 데이터베이스가 아직 완벽하게 구축되지 않아 해당 수치는 큰 의미를 가지고 있지 않다.

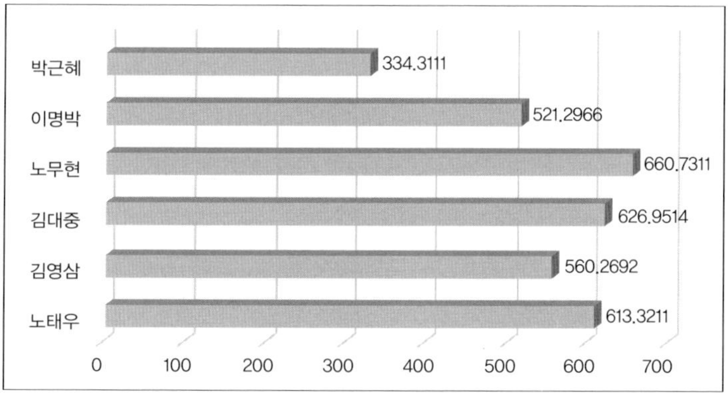

〈그림 4-14〉 정부별 지속일수 현황

토론 사항

- 공공갈등 중 우리가 향후 대비해야 할 유형과 이유는 무엇인가?
- 정부가 주도한 정책에서 발생하는 갈등을 예방하기 위한 방안은?
- 갈등지수를 구한다면?(갈등빈도, 지속기간, 참여자수 등)
- 갈등지속기간과 갈등빈도와의 관계에 대하여 논하시오.
- 갈등종결방식 중 대안적 방식과 일방적 방식의 장 · 단점에 대하여 논하시오.

참고문헌

가상준 · 안순철 · 임재형 · 김학린(2009), 「한국 공공분쟁의 현황 및 특징: 1990-2007」, 『한국정치학회보』 43-2: 51-88.

김강민(2008), 「정책네트워크를 통한 갈등의 원인 및 관리에 관한 연구」, 경희대학교 일반대학원행정학과 박사학위 논문.

김강민(2010), 「공공분쟁해소를 위한 분쟁현황판 연구」, 『한국거버넌스학회보』 17-2: 147-170.

대통령지속가능발전위원회(2005), 『공공갈등관리의 이론과 기법 상 · 하』, 논형.

박중훈 · 류현숙(2011), 『공정사회와 갈등관리 Ⅰ · Ⅱ』, 박영사.

두산백과(http://www.doopedia.co.kr)

단국대학교분쟁해결연구센터 공공분쟁DB 통계지표(http://www.ducdr.org)

제2부

공공갈등, 어떻게 분석하고 해결할 것인가?

1 갈등분석 기법

학습 목표	• 갈등분석이란 정의와 활용방법을 이해함 • 갈등양상이나 이해관계자의 차이에 따른 갈등분석 활용을 이해함

공공갈등이 발생하면 이를 관리하기 위해 다양한 방법이 필요하지만, 자연스럽게 해결될 수 있는 여지가 충분한 일부 공공갈등의 경우 인위적인 관리가 필요하지는 않다. 하지만 단순한 근거나 느낌을 통해 이와 같은 판단을 내려서는 안 된다. 공공갈등사례에 맞는 분석기법을 통해 철저하게 분석을 한 이후 갈등관리 여부와 관리방안을 판단해야한다.

공공갈등을 분석하는 기법에 있어서도 모든 갈등사례를 일률적으로 하나의 분석기법으로 분석해서는 안 되고, 분석자의 선호도에 따라 분석이 실시해서도 안 된다. 개별 사례마다 또는 사례의 각 단계마다 적절한 분석기법을 적용할 필요가 있다. 어떠한 사례는 한 가지 분석기법을 적용하여 분석이, 가능하지만 어떠한 사례는 두 가지 이상의 분석기법이 필요한 경우도 있다. 그리고 단계나 상황에 따라 일부분에만 적용되는 분석기법도 있다.

이 글에서는 공공갈등의 다양한 분석기법을 소개하며 분석기법마다 적용할 수 있는 사례들을 살펴보고 분석기법의 특성과 역할에 대하여 학습하도록 한다.

1. 갈등분석이란?

갈등분석은 갈등을 건설적으로 해결해 나가기 위해 본격적인 관리 이전에 가장 먼저 선행해야 하는 과정에서 행하는 분석기법이다(대통령지속가능위, 2005). 또한 갈등이 종료된 이후에도 이러한 분석기법을 통해 갈등과정을 이해하고 갈등의 패턴을 분석하는 등 또 다른 갈등을 해결하기 위한 연구자료로 활용하기 위해 갈등분석을 활용하기도 한다.

갈등분석의 목적은 발생한 갈등사례의 관리의 여부를 판단하거나 관리방식을 결정하는데 참고할 수 있는 자료를 제공하는데 있다.

갈등분석은 일정한 규칙을 따라 활용하기 보다는 갈등을 분석하면서 이해관계자 및 상황과 주변 환경요인에 따라 다양한 방식을 적용하여 사용한다. 갈등관리가 실시되기 이전에 사용되는 경우에는 실시간적이고 실무적 차원에서 접근하기 때문에 예측을 통해 갈등관리 기법을 사전에 정하여 사용하기 보다는 상황에 맞추어 다양한 갈등관리 기법이 혼용하여 사용된다. 하지만 갈등이 종료된 사례의 경우 기존 자료 분석을 통해 해당사례에 적절한 갈등관리 분석기법을 적용할 수 있다. 또한 결과를 알고 있기 때문에 실무적 차원 이상의 체계적인 분석을 실시할 수 있다.

2. 분석기법의 종류

1) 육하원칙기법

육하원칙은 언론 등에서 뉴스보도에 반드시 들어가야 할 요소 즉, '누가, 언제, 어디서, 무엇을, 어떻게, 왜'를 일컫는 말로 영어의 who, when, where, what, how, why에서 머릿글자를 따 5W1H라는 표현을 사용하기도 한다.

육하원칙기법은 모든 분석기법에 기본적으로 적용되며, 그 자체만으로도 하나의 분석기법으로 사용되지만, 보다 심도 있는 분석을 위해서 다른 분석기법과 혼용하여 사용하는 경우가 많다.

〈그림 1-1〉 육하원칙의 기법과 사용기준

〈그림 1-1〉을 보면 육하원칙에 대한 기준을 공공갈등의 특성에 맞추어 제시하고 있다. 먼저 "누가?"는 갈등의 원인제공자, 갈등의 주요 이해관계자, 갈등의 제3자 등을 파악하는 것이다. 갈등을 발생시킨 최초 원인을 제공자는

누구이며, 그로 인한 갈등의 일으킨 이해관계자는 누구인가 등이 분석기준이다. 더불어 갈등과정에서 도움을 줄 수 있는 조정자 내지는 조력자, 갈등상황에 영향을 미치는 사람 등 직접적인 이해관계자들에게 영향을 줄 수 있는 대상들은 제3자로서 분석할 수 있다.

"언제?"는 갈등의 발생시점, 갈등의 원인제공시점, 갈등을 제공한 공공정책 추진시점, 갈등전환시점, 갈등의 심화시점, 갈등의 완화시점, 갈등의 해결시점 등의 요소들을 파악하는 것이다. 갈등의 발생시점은 이해관계자들이 상호대립하기 시작하는 시점으로 상호간에 갈등을 인지한 시기를 지칭한다. 갈등의 원인제공 시점은 이해관계자들이 갈등을 일으키게 된 상황의 시점(예: 재개발지역으로 지정되거나, 비선호시설이 입지되는 정책이나 사업을 결정하게 된 시기)을 지칭한다. 갈등을 제공한 공공정책의 추진시점은 다소 추상적이기는 하지만 공공갈등을 분석하는데 있어서 중요한 기준으로 갈등의 원인을 제공한 공공정책의 추진시점을 파악하는 것을 통해 갈등과 정책 간의 보다 구체적인 관계를 분석할 수 있다. 갈등의 발생시점부터 심화, 완화, 해결시점 등은 갈등의 단계별 시점으로 갈등의 양상이 변화되는 시점을 지칭한다.

"어디서?"는 갈등의 범위, 갈등의 핵심범위, 갈등의 예상범위 등을 의미한다. 갈등의 범위는 모든 이해관계자들이 위치하는 지정학적 범위로서 갈등의 강도와 상관없는 전체적인 범위를 지칭한다. 갈등의 핵심범위는 갈등으로 인한 이해관계가 가장 첨예한 핵심적인 이해관계자들이 분포하고 있는 지정학적 범위를 지칭한다(예: 원자력발전소 반경 1km 이내). 갈등의 예상 범위는 향후 이해관계자들이 확대되거나 추가되는 쟁점으로 인해 이해관계자들이 새롭게 늘어나는 경우를 상정해 예상한다.

"무엇을?"은 이해관계, 입장 등을 기준으로 하며, 갈등을 통해 얻고자하는 이해관계들을 의미한다. 이러한 이해관계에는 갈등이 일어나는 과정에서 새롭게 발생하는 이해관계 뿐 아니라 최초 이해관심사도 포함된다. 입장은 갈등을 일으킨 찬성 측 또는 반대 측의 상황과 주장을 의미한다.

"어떻게?"는 이해당사자들 사이의 상호작용 방법으로 물리적 대립, 대화를 통한 대립, 상호간의 협상, 제도적 대립 등 다양한 방식을 통해 나타난 이해관계자 상호 간의 작용을 지칭한다.

"왜?"는 "무엇을?"과 비슷한 분석관점을 가지고 있으며, 궁극적인 이해관심사에 관한 것이라고 할 수 있다. 기준은 갈등의 목적과 정책의 목적으로서 갈등의 목적은 궁극적인 갈등의 목적이 무엇인지를 제시하며, 정책의 목적은 실질적인 목적을 지칭한다. "무엇을?"의 경우 궁극적인 목적을 달성하기 위해 나타나는 개별적인 상황에 대한 중간목적이 주를 이룬다는 점에서 "왜?"와의 차이를 구분할 수 있다.

2) 사건일지 기법

사건일지는 날짜별로 해당일에 발생한 갈등진행상황, 사건사고 및 이해관계자를 기록하여 갈등양상을 시간의 흐름에 따라 이해할 수 있도록 정리·나열하는 기법이다. 사건일지를 기록할 경우 갈등의 전반적인 상황을 보다 쉽게 이해할 수 있기 때문에 많은 갈등사례에서 기본적으로 사용하는 분석기법이다. 다만 갈등이 장기간 진행되거나 복잡해질 경우 간단한 갈등상황 파악 이상의 역할을 하기는 어렵다. 즉, 간접적인 상황이나 여러 정황과 연결하여 분석하기에는 한계를 가지고 있다. 단순한 갈등사례는 사건일지만으로도 자체적인 분석이 가능하지만 복잡한 양상의 갈등에는 다른 분석기법을 보조하기 위한 데이터베이스 구축을 위한 기초자료로 활용된다.

3) 갈등지도 기법

갈등지도 기법은 갈등 상황에 관여하는 당사자들의 역학관계와 힘의 균형 정도를 선과 도형을 이용해 마치 지도와 같이 나타내는 방법을 통해 상황을 이해하는데 도움을 준다(대통령지속가능발전위원회, 2005). 갈등지도 기법은 여러 명칭으로 불리며, 다양한 도형과 선을 활용하기 때문에 여러 가지 규칙과 법칙을 적용할 수 있다. 최근에는 갈등지도 기법이 보다 발달하여 분쟁현황판, 갈등현황판이란 방식을 통해 보다 자세하게 분석하는 기법이 등장하고 있다.

4) 갈등단계별 분석기법

갈등단계별 분석기법은 갈등초기부터 해결기에 이르는 일련의 단계를 구분해 분석하는 기법이다. 학자들마다 갈등단계의 구분방식은 다양하며, 다른 구분방법을 제시하지만 유사한 의미로 사용되는 경우가 많다.

구체적으로 갈등단계별로 대응해야할 수준과 방법에 있어서 차이가 있다. 일반적으로 갈등은 잠복기, 생성기, 표면화기, 고조기, 완화기, 해결기로 구분할 수 있다. 표면화기와 고조기 사이에 상승기라는 명칭을 부여하는 경우가 있으며, 고조기를 심화기, 위기 등의 다른 용어를 사용해 지칭하기도 한다.

〈그림 1-2〉를 보면 단계별로 갈등대응에 대한 프로세스를 제시하고 있다. 먼저 단계별 특징을 살펴보면 잠복기는 갈등이 표면화되기 이전에 단계로 갈등이 심리적 차원에서 다루어지는 단계를 의미한다. 이 시기는 대립되는 이해관계자들이 상호갈등을 아직 인지하지 못하고 있는 단계이다.

생성기는 최초로 갈등이 생성되는 단계이다. 이 시기는 이해관계자들이 서로간의 입장이 상반되는 것을 인지하는 단계로서 갈등의 가장 초기단계로 볼 수 있다.

표면화단계는 상호간의 입장조율에 실패하여 이해관계자 사이의 갈등과 대립이 본격화되는 단계로 이와 같은 상황이 지속될 경우 상승과정을 통해 고조기로 접어들게 된다.

고조기의 경우 갈등의 양상이 가장 심각한 단계로서 물리적 충돌이나 이에 준하는 극심한 갈등상황이 진행되는 단계를 지칭한다.

완화기의 경우는 두 가지 경우로 구분할 수 있다. 먼저 고조기를 거친 이후 갈등이 소강상태로 지속되는 경우가 있는데 이러한 상황이 유지되면서 잠시 갈등양상이 주춤하는 상황과 관계자들이 이해관심사를 논하는 과정에서 해결의 기회를 잡아 상호 소통을 통해 문제를 해결해 나아가 갈등이 완화되는 상황으로 구분된다.

해결기는 모든 이해관계자들을 만족시키며 해결될 수 있는 명확한 이해관심사의 발견되거나 제 3자의 개입에 의한 조정을 통해 문제가 해결된 경우를 지칭한다.

단계별로 각각의 대응방안이 구축될 수 있으며, 이러한 대응방안 역시 학자들의 구분방식 내지는 구체적인 사례별로 상이할 수 있다. 일반적으로 잠복기부터 표면화기까지는 예방활동을 통해 대응할 수 있으며, 고조기 이후에는 문제해결을 통한 대응활동을 제시하는 것이 일반적이다. 또한 모든 단계에 적용할 수 있는 기반화영역을 통한 활동도 제시되고 있다.

아래 그림은 단계별 내용과 이에 따른 대응방안을 도식화한 것이다.

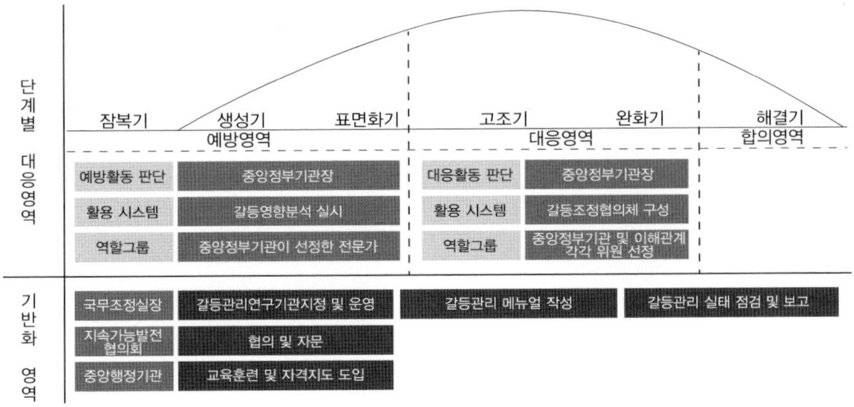

〈그림 1-2〉 공공갈등의 단계별 구분과 대응방안

5) 기타 기법

이 밖에도 나무기법, 양파기법, 삼각기법 등이 갈등을 분석하는 기법으로 활용되고 있다. 나무기법은 나무의 뿌리, 줄기, 가지라는 이미지를 통해 갈등의 원인, 쟁점, 결과를 시각적으로 파악해 나가는 분석방법이다. 이 기법의 목적은 갈등의 원인, 쟁점, 결과를 종합적으로 파악하여 문재해결을 위해 다루어야할 우선순위를 정하는 것이다. 이를 통해 원인과 결과의 상관관계를 파악하여 예방을 위한 기초적인 이해를 향상시킨다. 양파기법은 갈등당사자들의 입장과 실익, 욕구를 분리하여 이해함으로써 통합적인 갈등의 이해와 갈등해결의 시작점을 찾기 위한 분석방법으로 입장(position), 실익/관심사(interests), 욕구(needs)로 구분하여 분석한다. 양파기법의 목적은 각 당사자들의 공식적인 입장을 넘어 당사자들의 실익과 욕구를 이해하고 향후 토론을 진전시키기 위한 기초로서 당사자들 간의 공통기반을 발견하기 위함이다(대통령 지속가능발전위원회,2005).

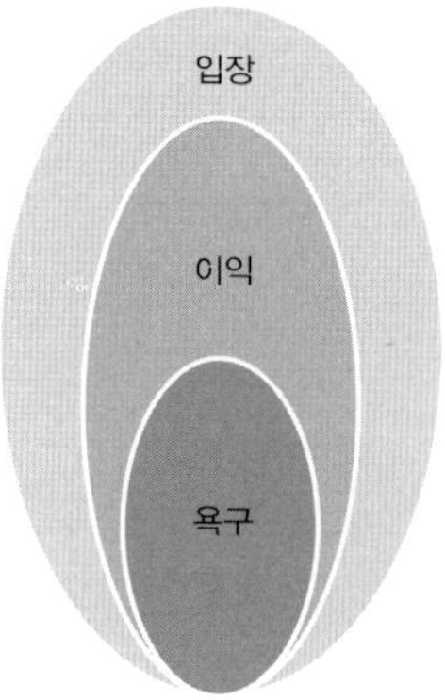

- 입장(positions): 원한다고 표명하는 것
- 실익 / 관심사(interests): 진정으로 원하는 것
- 욕구 / 요구(needs): 반드시 가져야 하는 것

〈그림 1-3〉 양파기법의 특성

삼각기법은 갈등을 태도(Attitude), 행동(Behaviour), 상황/맥락(Context)로 구성하여 분석한다. 태도는 갈등당사자의 성격, 심리상태, 감정상태를 지칭

하며, 행동은 갈등 당사자의 구체적인 행위, 태도와 상황에서 표출되는 모습 등을 지칭한다. 상황은 갈등당사자가 처한 조건, 환경, 배경, 주변여건을 말한다. 삼각기법의 목적은 주요당사자들의 태도, 행동, 상황을 파악하여 갈등상황에 어떤 영향을 끼치는지를 분석하기 위함으로 각 당사자의 욕구 및 가장 원하는 것을 연관시켜 개입지점을 파악하는데 있다(대통령 지속가능발전위원회, 2005)

2. 갈등분석기법의 실습과 활용

지금부터는 앞에서 소개한 주요 갈등분석기법의 실습과 활용을 구체적으로 설명하고자 한다. 핵심적으로 다루는 분석기법은 갈등지도기법으로서 이를 보다 구체적인 분석기법으로 발전시킨 분쟁현황기법에 대해 본격적으로 알아보자. 분쟁현황판을 본격적으로 활용하기 위한 기초분석방법은 사건일지분석기법으로 분쟁현황판은 갈등단계별 분석기법에 기반해 단계별로 대응책을 제시한다.

1) 분쟁현황판의 정의

분쟁현황판이란 일반적으로 갈등지도라고 불리기도 하며, 시각적 효과를 통해 복잡한 갈등 및 분쟁현황을 한눈에 파악할 수 있도록 하는 분석방법이다.

공통적인 기호사용을 통해 다양한 갈등관리 전문가, 실무자 및 이해당사자들이 쉽게 갈등현황을 파악하여 갈등관리 방향을 제시하는데 사용된다.

분쟁현황판을 작성하는 것만으로 공공갈등을 해결할 수는 없지만, 분쟁현황판을 잘 작성할 수 있다면 갈등해결을 위한 빠르고 정확한 진단에 도움을 주는 X-ray와 같은 역할을 할 수 있을 것이라고 기대할 수 있다.

2) 분쟁현황판의 구성요소[1]

① 분쟁개시

서로 상충되는 쟁점을 둘러싸고 대립하는 둘 이상의 행위주체들 사이의 상호작용과정이 언제 시작되었는지를 살펴본다. 다시 말해 분쟁이 언제 시작되었는가를 정확히 알 수 있게 된다. 분쟁의 개시시점은 분쟁의 일방당사자가 특정 사안들에 대해 어떤 요구나 행동을 조직하고, 이를 다른 일방이 거부하는 때 이다. 정부가 추진하는 국책사업의 경우, 정부가 국책사업을 집행한다는 것은 어느 일방(정부)이 행동을 조직하는 상황으로 진입하는 것을 의미한다. 만약에 국책사업의 집행과정에서 어느 누구도 문제를 제기하지 않는다면 이는 분쟁이라 볼 수 없다. 그러나 국책사업에 대해 이해관계가 걸려있다고 생각하는 다른 일방이 이의를 제기하고 행동을 조직한다면 분쟁은 개시되는 것이다.

② 분쟁종료

분쟁의 종료 역시 분쟁의 개시와 마찬가지로 분쟁에 대한 정의에 기초하여 그 시점을 비교적 명확히 할 수 있다. 다시 말해 분쟁당사자들의 상호작용이 더 이상 진행되지 않는다면 분쟁의 종료 시점이다. 이를 구체적으로 분류하면 첫째, 분쟁당사자들 스스로가 대립되는 쟁점을 합의에 의해 해소하는 경우, 둘째, 제3자의 권위적 결정에 분쟁당사자들이 복종하거나 동의하는 경우, 셋째, 주민투표와 같이 주어진 분쟁해결절차가 완성되고 이에 대해 분쟁당사자들이 이의를 제기하지 않은 경우, 넷째, 명시적인 절차나 합의 없이

1 분쟁해결연구센터(2007)에서 연구 수행되어진 "단국대학교 분쟁해결연구센터 공공분쟁 데이터베이스(1990-2006)"의 DB구성요소 인용

분쟁당사자들의 상호작용이 발생하지 않아 분쟁이 소멸되는 경우 분쟁은 종료되었다고 할 수 있다.

③ 분쟁 당사자

분쟁은 둘 이상의 행위주체들의 상호작용과정으로 정의할 수 있기 때문에 분쟁당사자 역시 쉽게 식별할 수 있다. 분쟁에 직접적인 이해관계를 갖고 있으며 대립적 행동의 주체가 되면 분쟁 당사자로 볼 수 있다. 그리고 이러한 정의를 통해 분쟁요인을 제공한 당사자를 개시자로, 제공된 분쟁요인에 반대를 표시한 당사자를 상대방으로 분류할 수 있게 한다. 물론 노사분쟁과 같이 개시자와 상대방의 구분이 명확하지 않은 경우도 있지만 이와 같은 구분은 심도 있는 연구를 가능케 한다는 측면에서 필요하다.

④ 제3자

앞서 언급한 바와 같이 분쟁은 둘 이상의 행위주체들의 상호작용과정으로 정의할 수 있기 때문에 제3자 역시 식별할 수 있다. 수집된 정보를 통해 어떠한 유형의 제3자가 있는가를 알 수 있는 것이다. 이 과정에서 제3자가 공공기관인지, 시민단체인지를 구분할 수 있을 뿐만 아니라 이들이 분쟁진행과정에서 어떠한 역할을 하는가 역시 식별할 수 있다.

⑤ 분쟁의 유형

수집된 정보를 통해 분쟁을 유형적으로 정리하는 것도 가능하다. 분쟁은 환경, 이념, 노동, 지역, 계층, 교육 등과 같이 대립되는 쟁점이 무엇이냐에 따라 구분될 수 있다. 분쟁해결연구센터 공공분쟁 DB에서는 분쟁사례를 6가지 유형으로 분류하고 있다. 그러나 특정한 분쟁의 경우 환경과 관련된 분쟁이면서 동시에 이념이나 지역분쟁의 성격이 복합적으로 나타나는 경우가 존재할 수 있다. 따라서, 이러한 분류방식은 모든 사례를 상호배타적으로 구분되지 못하기 때문에 분석에 활용되기에는 어려움이 있을 수 있다.

⑥ 분쟁의 성격

대립되는 쟁점이 무엇인가에 따라 구분한 것이 분쟁의 유형이라면 분쟁당사자가 분쟁을 통해 얻고자 하는 목표의 성격에 따라서도 분쟁을 분류할 수 있다. 이 책에서는 분쟁당사자들의 목표가 이익의 추구인지 가치의 추구인지를 기준으로 이익-이익, 이익-가치, 가치-이익, 가치-가치로 분류하였다. 그러나 분쟁당사자들이 추구하는 진정한 목표가 이익인지 가치인지에 대한 식별이 쉽지 않다는 점에서 어려움이 있다. 현실에서는 자신의 이익을 보다 효과적으로 추구하기 위한 수단으로 가치를 활용하는 경우가 종종 있기 때문이다. 이러한 경우 쟁점이 불명확해져 분쟁해결에 큰 어려움을 주기도 한다.

⑦ 분쟁의 종료 유형

수집된 정보는 또한 분쟁이 어떠한 수준에서 종료되었는가를 알려준다. 분쟁종료의 유형은 다음과 같이 정의될 수 있다. 분쟁관리는 분쟁당사자들이 분쟁이 더 이상 악화시키지 않는 것을 목표로 서로에게 적대적 행동을 조직하지 않은 상태를 의미하며, 분쟁해결은 대립되는 쟁점에 대해 분쟁당사자들이 어떠한 합의점을 찾아 분쟁을 종료 시키는 것을 말한다. 그리고 분쟁전환은 대립되는 쟁점의 근본적 원인을 제거하는 것으로 주로 분쟁당사자들의 관계변화를 수반하는 분쟁종료를 의미한다.

⑧ 분쟁종료 방법

수집된 정보를 통해 분쟁이 어떠한 방법을 통해 종료되었는지 역시 식별할 수 있다. 단국대학교 분쟁해결연구센터 공공분쟁 데이터베이스는 한국의 공공분쟁 종료방식을 협상, 조정, 중재, 행정집행, 주민투표, 법원판결, 진압, 자진철회, 소멸, 입법 등 10가지 방식으로 구분하고 있다. 협상, 조정, 중재 등은 대안적 분쟁해결 방법으로 협상은 당사자의 합의에 의한 분쟁종료방법인 반면 조정과 중재는 제3자의 조력에 기초한 분쟁종료를 의미한다. 법원판결은 제3자인 법원에 의한 분쟁종료, 입법은 국회의 입법을 통한 분쟁종료, 주민투표는 주민들의 집단적 결정에 의한 분쟁종료 방법이다. 소멸은 분쟁당사자들이 분쟁에 대한 관심이 점차 적어지면서 양측의 상호작용이 사라지는 것을 의미한다.

⑨ 분쟁의 참여자수

분쟁의 참여자수는 분쟁에 얼마나 많은 사람들이 참여하였는가를 알 수 있는 지표로 수집된 정보가 날짜별로 되어 있기 때문에 누적 참여자수는 물론 사건별 참여자수도 측정할 수 있다. 이밖에도 수집된 자료를 통해 분쟁으로 인해 발생한 인적피해 즉 사상자수나 구속자수를 얻을 수 있다. 그리고 제한적이나마 재산상의 피해도 산정할 수 있다.

3) 분쟁현황판의 장점

분쟁현황판이 모든 갈등양상에 효과적이라고 할 수 없지만 적절한 대상을 통해 적용했을 경우 다음과 같은 긍정적 효과를 얻을 수 있다.

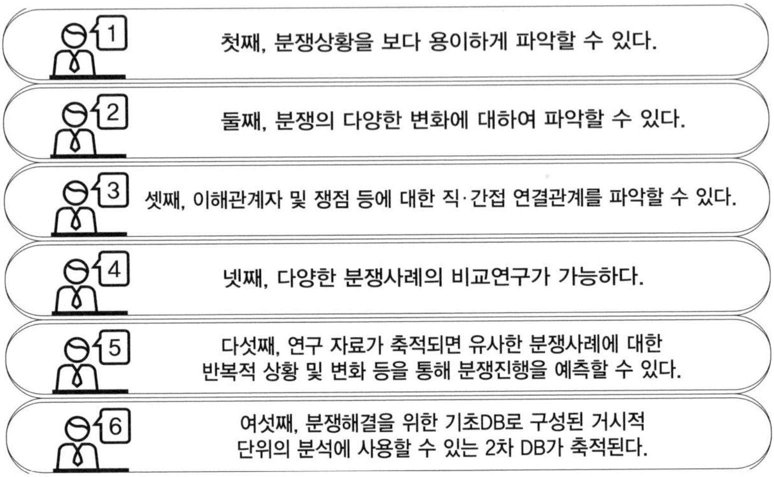

출처: 김강민(2010)

〈그림 1-4〉 분쟁현황판의 장점

4) 분쟁현황판의 적용 수준

분쟁현황판으로 모든 갈등사례를 분석하는 것은 아니며 다음과 같은 사례의 경우에는 적용할 수 없다.

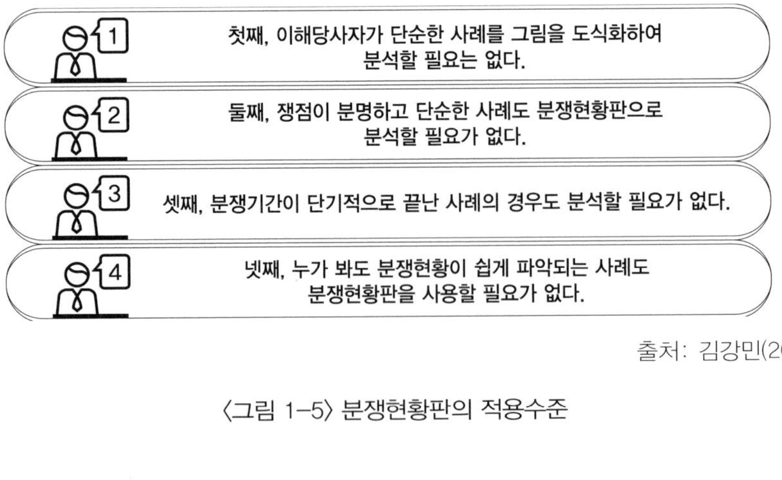

출처: 김강민(2010)

〈그림 1-5〉 분쟁현황판의 적용수준

4) 분쟁현황판 제작방법

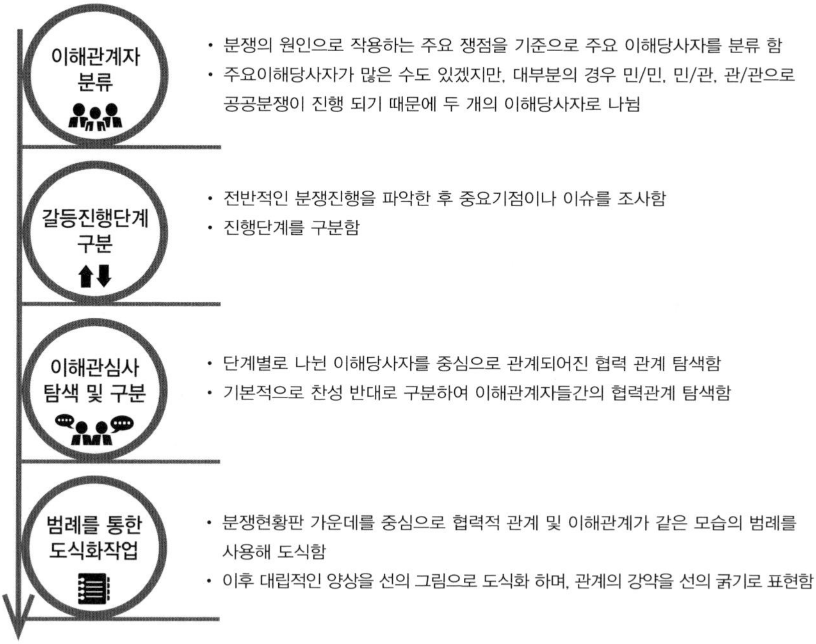

출처: 김강민(2010)

〈그림 1-6〉 분쟁현황판의 제작방법

5) 분쟁현황판 실습[2]

처음부터 모든 공공분쟁에 분쟁현황판을 적용하기 보다는 먼저 이해당사자, 쟁점을 구성하고, 늘어나는 이해당사자 및 쟁점과 외부환경에 대한 이해를 위해 쉬운 사례부터 분쟁현황판을 통해 교육을 실시한다.

2 본 실습은 한국행정연구원(2011). 「공정사회와 갈등관리」, 박영사 의 내용을 재 수정함

① 실습 1단계: 갈등형성

▷ **사 례**

〈표 1-1〉 실습 1단계 사례

- 대학캠퍼스커플로 만나 결혼6년차인 남편K와 아내C는 5세, 1세의 아이를 양육하고 있음
- 아내C는 남편의 늦은 귀가와 퇴근후 아이들에 대한 교육의 무관심에 대하여 남편에게 바가지를 긁게 됨
- K는 직장의 잦은 술자리와 고된 몸을 이끌고 집에 오게 되면 지쳐서 아이들에 대하여 큰 관심을 갖기가 어렵다며 아내의 행동에 불만을 토로함
- C는 집에서 아이들을 키우고 살림하는 것도 직장과 마찬가지로 고단하기 때문에 귀가 후에는 함께 아이들을 돌보아야 한다며 더욱 바가지를 긁음
- K와 C가 각각 입장만을 계속 고집하며 대립이 계속 이어지자 C는 갑자기 본인도 자신의 삶의 의미를 찾고 싶다며, 직장생활을 하겠다고 선포함
- K가 원하는 직장을 묻자 C가 아무 직장이나 구하겠다고 답하자 삶의 의미를 찾는 사람이 원하는 직장도 없냐며, 사회생활이 만만한 줄 안다고 핀잔을 줌

▷ **분쟁현황판 작성 및 분석결과**

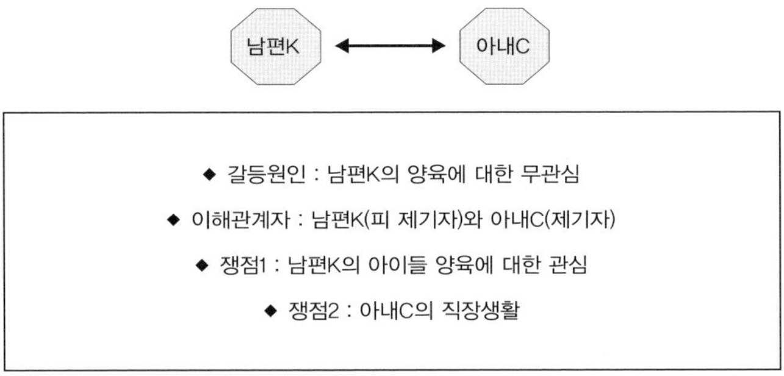

〈그림 1-7〉 실습 1단계 분쟁현황판

②실습 2단계: 갈등심화

▷ 사 례

〈표 1-2〉 실습 2단계 사례

- 부부간의 대립이 발생한 후 상호대치 상태로 일주일 동안 집안에서 냉전 상태로 있음
- 일주일 동안 남편K의 모습에 변함이 없자 아내C는 본격적으로 직장을 알아보겠다고 선언함. 이에 K는 아무런 계획 없이 갑자기 직장생활을 한다면 아이들이나 집안 살림은 어떻게 하냐며, 반발하고 상호대립 하다 결국 남편K가 아내C의 얼굴을 때리고, 아내C는 남편 팔을 물고 얼굴을 할큄

  결국 아내C는 짐을 싸고 아이들을 데리고 친정으로 나감

  이러한 문제를 알게 된 아내C의 아버지는 남편K를 찾아가 요즘이 어떤 세상인데 아내에게 손 지검을 하며, 집안일은 함께 해야 되는 것 아니냐며 사위 K를 나무람

  마찬가지로 사태를 알게 된 K의 어머니는 며느리C에게 전화를 걸어 그런 일로 집을 나가는 것이 아내이자 엄마로서의 올바른 행동이냐며 나무라고, 여자는 당연히 가사에 책임을 져야지 무슨 직장생활이냐며, 계속 그런식으로 하려면, 분가하지 말고 시댁으로 들어오라 함

▷ 분쟁현황판 작성 및 분석결과

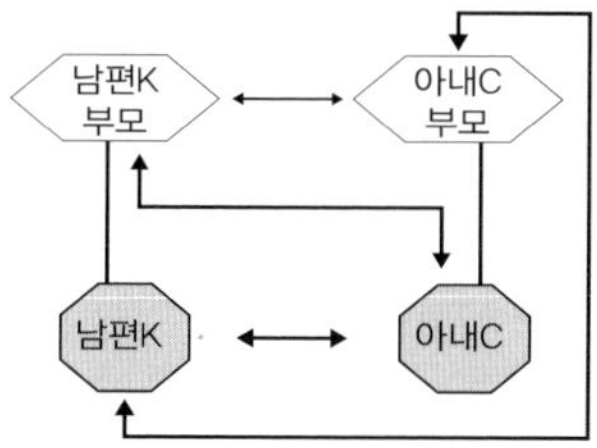

◆ 이해관계자 : 남편K(피 제기자), 아내C(제기자), 남편K부모, 아내C부모

◆ 쟁점1 : 남편K의 아이들 양육에 대한 관심

◆ 쟁점2 : 아내C의 직장생활

〈그림 1-8〉 실습 2단계 분쟁현황판

③ 실습 3단계: 갈등조정

▷ **사 례**

〈표 1-3〉 실습 3단계 사례

- 부부간의 대립이 길어지자 남편K는 아내C의 아버지를 만나 일단 아내가 돌아와야 문제를 해결할 수 있다며, 아버지를 통해 아내를 돌아오도록 조치를 취함
- 이러한 과정에서 아내C는 남편K가 아버지를 몰래 만나 거짓설득 후 자신을 돌아오게 만들도록 했다고 생각하면서, 더욱더 갈등이 증폭됨
- 얼마 후 동창 모임에 대한 소식을전하기위해K와 C처럼 캠퍼스 커플이 된 A와 B가 집에 찾아왔다 이 사실을 알게 됨
- A와 B는 둘을 화해시키기 위해 각각 K와 C를 만남. K는 아내의 직장생활을 반대를 고수하며, C는 남편의 폭력행사에 대한 사과부터 요구함
- 이에 대해 남편K는 자신도 폭력의 희생자라며, 같이 사과를 하던지 없던 것으로 해야 한다고 주장
- A와 B는 일단 아내 C에게 집으로 들어가는 것이 좋겠다고 하자 남편이 시킨 것이 아니냐며, 저번에도 자신의 부모를 몰래 만나 자신을 무작정 들어오게 했다며, A와 B가 원래는 남편K친구들이며, 남편과 사귀면서 알게 된 자신에게보다 남편의 입장을 더 들어주는 것 같다며 더 이상 만남을 거부함
- 어느 날 남편K와 아내C는 각각의 집에서 TV시청 중 아내의 가사일에 대한 시사프로그램에서 직장생활을 하는 것만큼 가사 일에 대한 어려움을 방송함. 또한 아내C가 데리고 있던 5살 아이가 아빠가 보고 싶다며, 밖으로 나가 길을 잃어 집안이 발칵 뒤집히는 사건이 발생

▷ **분쟁현황판 작성 및 분석**

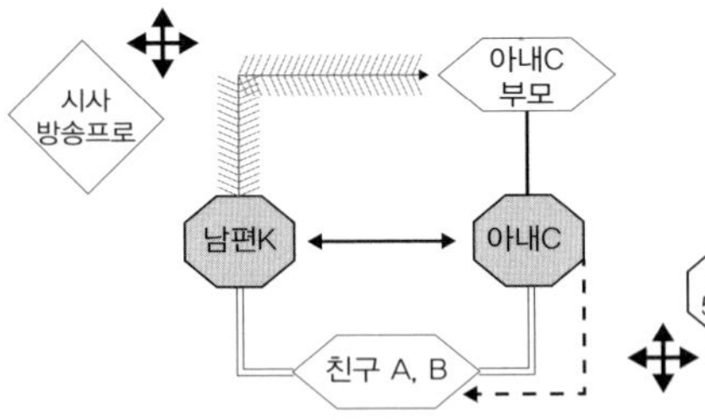

◆ 이해관계자 : 남편K(피 제기자), 아내C(제기자), 아내C부모, 친구 A, B
◆ 쟁점1 : 남편K의 아이들 양육에 대한 관심
◆ 쟁점2 : 아내C의 직장생활
◆ 쟁점3 : 남편 폭력행동에 대한 사과
◆ 쟁점4 : 남편의 비공식적인 네트워크 활동

〈그림 1-9〉 실습 3단계 분쟁현황판

④ 실습 4단계: 종합

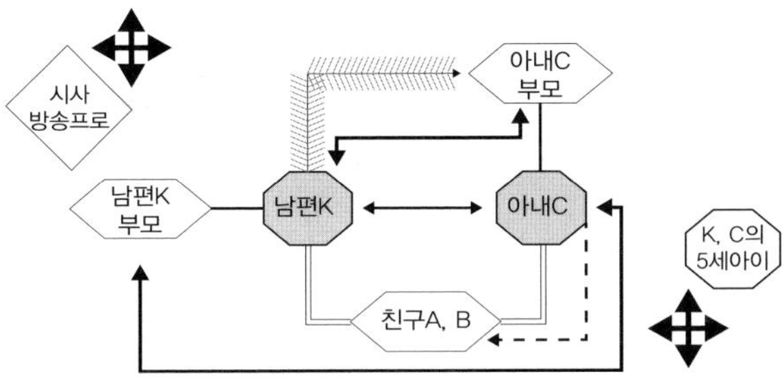

〈그림 1-10〉 사례 통합 분쟁현황판

토론 사항	• 공공갈등과 개인갈등에 적절한 갈등분석기법은 어떻게 구분할 수 있는가? • 갈등분석기법 중 상호보완적인 측면에서 2개 이상 동시에 활용할 수 있는 것은? • 일상생활에서 활용할 수 있는 갈등분석 기법은 무엇이 있는가? • 분쟁현황판 기법을 사용하기에 적절한 갈등사례는 무엇인가? • 분쟁현황판 기법을 사용하기에 적절하지 않은 갈등사례는 무엇인가?

참고문헌

가상준 · 안순철 · 임재형 · 김학린(2009), 「한국 공공분쟁의 현황 및 특징: 1990-2007」, 『한국정치학회보』 43-2: 51-88.

김강민(2008), 「정책네트워크를 통한 갈등의 원인 및 관리에 관한 연구」, 경희대학교 일반대학원행정학과 박사학위 논문.

김강민(2010), 「공공분쟁해소를 위한 분쟁현황판 연구」, 『한국거버넌스학회보』 17-2: 147-170.

대통령지속가능발전위원회(2005), 『공공갈등관리의 이론과 기법 상 · 하』, 논형.

박중훈 · 류현숙(2011), 『공정사회와 갈등관리 Ⅰ · Ⅱ』, 박영사.

두산백과(http://www.doopedia.co.kr)

단국대학교분쟁해결연구센터 공공분쟁DB 통계지표(http://www.ducdr.org)

2 갈등해결과 대안적 갈등해결 방법

학습 목표	• '대안적 갈등해결이란 무엇인가'에 대해 알아본다. • 대안적 갈등해결의 유형과 특성에 대해 분석한다. • 대안적 갈등해결의 주요 유형은 협상 · 조정 · 중재에 대해 알아본다. • 대안적 갈등해결방법의 다양한 혼합모형에 대해 토론한다. • 대안적 갈등해결방법의 한국적 적용에 대해 탐색한다.

1. 대안적 갈등해결의 정의와 의미

최근 들어 한국 사회에서 갈등해결의 주요 수단으로 대안적 갈등해결방법(ADR, Alternative Dispute Resolution)에 대한 관심이 증폭되고 있다. 대안적 갈등해결방법이란 영어로 'Alternative Dispute Resolution'에 해당하는 것으로 우리나라에서는 소송대체적 분쟁해결절차(정동윤 · 유병현, 2009), 소송에 갈음하는 분쟁해결제도(이시윤, 2009), 판결 이외의 분쟁해결(사법연수원, 2009), 대안적 분쟁해결(안순철 · 최장섭, 2003), 대안적 분쟁해결제도(조홍식, 2006), 대체적 분쟁해결제도(유병현, 2008) 등 다양한 이름으로 불리고 있다. 통상 대안적 갈등해결방법은 전통적인 법원소송이나 재판을 통한 갈등해결이 아닌 그 외 갈등해결방법의 통칭하여 이르는 말이다(Davis, 2001). 다시 말해 갈등당사자들이 효과적인 갈등해결을 위해 전통적 의미의 사법적 체계나 수단과는 별도로 갈등 당사자 또는 중립적 제3자를 활용하여 갈등을 해결하는 갈등해결방식과 기법을 통칭한다.

대안적 갈등해결방법에서 'alternative'는 원래 재판에 대한 대체물을 의미하는 것으로 재판이 갈등해결의 주요 수단이고, 대안적 갈등해결방법이 보조 수단이라는 의미로 해석될 수 있다. 그러나 대안적 갈등해결의 주창자들은 재판의 보조 수단으로서 대안적 갈등해결을 한정하는 것이 동의하지 않는 경향이 있다(Mackie, 1991). 비록 대안적 갈등해결방법의 출발점이 재판의 대체물로서 기획되고 발전되었지만 이제는 재판이 다양한 갈등해결방법 중의 하나에 불과하다는 점이 사회적 학습과정을 통해 명확해졌기 때문이다(Moore, 2003). 실제로 많은 사회 갈등이 재판과 무관하게 발생되고 해결되며, 재판은 사회 갈등의 특수한 상황에서만 적합한 갈등해결 수단이기 때문이다. 결국 대안적 갈등해결은 단순히 법원의 판결에 대한 대체나 보완만을 의미하는 것이 아니라 궁극적으로 사회적 조화를 유지하고 갈등과 분쟁을 대화와 타협의 방식을 통해 근본적인 해결을 유도하는 것이라 할 것이다.

실제로 대안적 갈등해결방법의 발상지로 일컬어지고 있는 미국의 경우 민사소송사건의 약 90-95% 이상이 대안적 갈등해결방법에 의해 해결되고 있으며 약 5% 정도만이 판결을 통해 처리되고 있을 정도로 대안적 갈등해결방법의 광범위하다(함영주, 2010). 더나아가 미국사회에서는 이미 대안적 갈등해결방법이 하나의 규범으로 자리 잡아 오히려 소송이 아주 부유하거나 특별한 사람들을 위한 제도로 인식되고 있기도 하다(Acland 1995).

물론, 대안적 갈등해결방법에 대한 비판적 견해가 없는 것이 아니다. Fiss(1884)는 대안적 갈등해결방법의 옹호론자들이 소송을 단지 분쟁해결과정으로만 보고 적절한 타협을 권장하고 있다고 주장하면서 미국의 소송제도가 어려운 현실을 뚫고 그 동안 미국사회가 이룩한 가치를 실현시키는 고유한 기능이 있음을 간과함으로서 대중사회의 요구에 굴복하는 것이라고 비판한다. 갈등당사자들 간의 합의에 초점을 맞춘 대안적 갈등해결방법은 궁극적으로 당사자 간의 힘의 불균형을 반영할 수밖에 없는 갈등해결수단이라는 특성을 사회정의론적 관점에서 지적하고 있는 것이다.

이러한 비판에 대한 반비판으로 대안적 갈등해결방법 주차장들은 불평등한 당사자를 다루는 법원과 법관의 능력을 비현실적으로 과대평가한 것으로, 법원만이 정의를 평가하는 유일한 기관이 아니며(Andrew, 1985), 현대분쟁은 소송만으로 해결하기에는 너무나 다극적(polycentric)이고, 양당사자대립주의에 의한 사실발견절차는 너무나 많은 비용이 드는 절차이며(Lon, 1978), 대안적 갈등해결은 기존의 소송이 의사소통을 제대로 하지 못하는 고장난 전화를 고치는 것이라고 주장한다(함영주, 2010).

한국의 경우 민주화 이후 사회적 갈등이 크게 증가해 왔음에도 불구하고 갈등해결의 주요 수단인 대안적 갈등해결방법이 사회 속에 유력한 갈등해결방법을 정착되지 못한 것이 현실이다. 미국을 중심으로 발전되어온 대안적 갈등해결방법의 한국적 적용이라는 문제의식에 기초하여 본 장은 우선, 대안적 갈등해결의 특징을 재판과 비교하여 검토하고, 둘째, 대안적 갈등해결의 다양한 유형들의 비교 분석하며, 마지막으로 한국사회에서의 대안적 갈등해결방법의 활성화 방안에 대해 토론한다.

2. 대안적 갈등해결방법의 특징

대안적 갈등해결방법이 주목을 받는 이유는 전통적 갈등해결방법인 소송에 비해 높은 갈등해결 비율, 적은 비용, 적은 시간, 해결의 결과에 대한 높은 만족도, 갈등당사자 간 참여와 의사소통 강화, 당사자 간의 신뢰 및 협력적인 분위기의 확산에 기여한다고 보기 때문이다 (Carnevale, 1993). 대안적 갈등해결방법에 대한 논쟁에도 불구하고 대안적 갈등해결방법은 효율성, 효과성, 신속성의 측면에서 선진 각국에서 이미 검증되었다고 할 수 있다(안순철.최장섭, 2003). 구체적으로 대안적 갈등해결방법은 첫째, 재판의 복잡성으로 인한 재판의 비용과 시간 절약, 둘째, 갈등해결 과정에 공동체의 참여 확대, 셋째, 사회정의에 대한 대중의 접근성 제고, 넷째, 효과적인 갈등해결 방법을 제공하여 비용, 속도, 순응이라는 측면에서 갈등 당사자들에게 만족감을 제공한다는 점이다(Sander 1985).

다양한 측면에서 소송에 비해 우위를 보여주고 있는 대안적 갈등해결방법은 비형식화(informalization), 비법화(delegalization), 비전문직화(deprofessionalization), 민영화(privatization) 등의 일반적 특성을 지닌다. 비형식화(informalization)는 소송절차가 가진 형식성(formality)을 완화하여 보다 유연하고 간이한 절차를 도입함으로써 접근의 용이화와 절차의 신속화, 저렴화를 꾀하려고 하는 경향을 말하며, 비법화(delegalization)는 실체적 기준의 비법화 경향, 기준의 다원성과 유연성 때문에 재판 외 분쟁해결의 대상은 법률상의 권리의무에 관한 분쟁이라는 경계를 초월하거나 해결결과도 실체법에 기초한 전부 아니면 전무(all or nothing)로부터 개별 분쟁특성에 따른 유연하고 건설적인 형평에 의한 것까지 다양한 양태를 의미하며, 셋째, 비전문직화(deprofessionalization)는 절차관여자의 비법률직화 또는 비법조화, 법관이나 변호사 등 법률전문가 이외의 자의 관여를 엄격하게 금지하지 않는 것을 말하며, 넷째, 민영화(privatization)는 분쟁해결의 민영화로서 민간기관이 설치, 운영자가 되는 경향을 말한다(김상영, 2011). 그밖에도 대안적 갈등해결의 특성으로는 절차의 간이 · 유연성, 절차 · 해결내용의 비공개, 절차의 신속성, 단심제의 원칙, 전문성, 해결기준의 탄력성, 문제의 근본적 해결 지향 등을 들 수 있다(김광구, 2014).

대안적 갈등해결방법은 전통적 갈등해결 방법인 소송을 통한 갈등해결과 비교하여 보면 그 장점이 구체적으로 알 수 있다. 소송을 통한 갈등해결은 기본적으로 옳고 그름에 기초한 접근(right−based approach to conflict resolution)에 근거하여 진행되기 때문에 승−패(win−lose), 즉 누가 옳고 누구는 그르다는 결과를 야기한다(Ury et. al., 1992). 이러한 이분법적 해결 방식은 분쟁 당사자들에게 판결에 대한 만족감을 주기 어렵고, 아울러 상호 수용할 수 있는 최선의 대안을 방기하는 결과를 가져오는 것이 일반적이다. 반면 대안적 갈등해결방법은 서로의 진정한 이해관심사에 기초한 접근(interest-based approach to conflict resolution)에 기초하여 갈등해결을 도모하기 때문에 상호 상생(win-win)할 수 있는 결과를 도출할 개연성이 높다.

또한 소송을 통한 갈등해결은 과거지향적 방식을 바탕으로 분쟁을 해결하려는 성향을 갖고 있다. 소송과정에서는 과거에 갈등당사자들이 보여준 행동과 사실의 인정에 기초하여 그 정당성이 평가된다. 따라서 갈등 당사자 간의 미래관계는 판결에서 중요한 고려사항이 될 수 없다. 이러한 과거지향적 갈등해결방법은 소송과정에서 갈등 당사자들의 관계를 이전보다 더욱 악화시켜 양측이 모두 치열한 '결전'을 준비하게 만들도록 한다. 소송과정이 사람들을 "투쟁"하도록 조장하는 것이다(Acland 1995, 11). 반면, 대안적 갈등해결방법은 갈등당사자가 앞으로 어떤 관계를 맺게 될 것인지, 어떤 이익을 얻게 될 것인지에 초점을 맞추는 미래지향적 갈등해결방법이다. 따라서 대안적 갈등해결방법에서는 현재의 갈등을 이해하고 미래 관계에 대한 신뢰 형성을 위해 적정한 선까지만 과거를 규명하고 청산을 요구한다. 신뢰의 전제조건으로서 양 당사자가 과거의 행동에 대한 서로 과실을 인정하고 유감을 표시를 요구할 뿐, 대안적 갈등해결방법은 앞으로 갈등당사자가 무엇을 어떻게 타협하고 협력할 것인지에 초점을 맞추어 갈등해결을 도모한다. 그러므로 대안적 분쟁해결은 과거 사실에 대한 엄격한 법리에 의해 구속되지 않고 비교적 자유로운 과정을 통해 창의적인 해결을 모색할 수 있다는 장점이 있다.

마지막으로 갈등해결의 자율성과 관한 것으로 소송을 분쟁해결이 제3자, 구체적으로 사법기관의 권력에 의한 강제적 해결방식이라면 대안적 갈등해결은 갈등 당사자 쌍방의 일치된 자주적 의사에 근거한 자율적 해결방법이라는데 있다. 당사자의 주체성을 존중하고 자기결정권, 절차선택권을 보장하여 당사자가 자율적 갈등교섭에 주도적으로 임하도록 하는 것이 대안적 갈등해결의 핵심적 요소인바, 갈등해결과정에는 여러 요소가 개입하지만 결국 당사자 자신에 의한, 당사자 자신한테 납득이 가는 갈등해결이 대안적 갈등해결의 근본적인 이념이라 할 것이다.

3. 대안적 갈등해결방법의 유형 및 특성

대안적 갈등해결방법은 활용기법에 따라 크게 협상, 조정, 중재로 구분할 수 있다. 또한 협상, 조정, 중재를 제외하고 기타 여러 가지 대안적 갈등해결 방법을 활용하는 것을 '혼합적 대안적 갈등해결 모델'이라고 한다. 혼합적 모델에는 ①사적 재판(private judging), ②사실확인(fact-finding), ③약식심판(minitrial), ④옴부즈만(Ombudsman), ⑤약식배심원심판재판(summary jury trial), ⑥협상된 규칙제정(regulatory negotiation), ⑦조정-중재(med-arb), ⑧다단계(multi- step), ⑨이중접근법(two-track approach)이 있다. 이처럼 소송을 통한 갈등해결의 대체제로서 대안적 갈등해결 방법은 실로 매우 다양하다. 이처럼 다양한 분쟁해결 방법들의 존재로 인해 많은 연구자들은 이들의 특성과 상호관계 등을 기준으로 유형화를 시도하여 왔다. 이러한 시도들 중 두 가지 대표적인 유형화가 존재하는 바, 하나는 산출과 절차에 대한 분쟁당사자의 통제수준에 근거한 유형화이고, 다른 하나는 의사결정에 있어서 당사자 혹은 제3자의 역할을 기준으로 스펙트럼 형태로 유형화하는 것이다.

〈그림 2-1〉은 산출과 절차에 대한 분쟁당사자의 통제수준에 근거한 유형화를 도식적으로 보여준다(Lewicki 외, 1994). 우선, 전통적 갈등해결방법인 사법적 판결은 산출과 절차와 관련된 중립적 제3자 개입으로서 분쟁당사자

들이 의사결정과정이나 산출에 대해 거의 통제력을 행사하지 못하는 분쟁해결 방법이다. 사법적 판결은 분쟁당사자 간에 서로 더 이상 또는 아무것도 합의할 수 없다는 사실을 합의한 결과로 등장한 것이다. 그러므로 분쟁에 대해 스스로 해결할 수 없어 사법적 판결에 의탁하는 경우 과정과 산출에 대한 분쟁당사자의 자율성은 상대적으로 약화될 수밖에 없는 것이다. 전통적 의미의 분쟁해결방법인 사법적 판결은 제도화되고 사회적으로 인정된 권위체의 분쟁에의 개입을 의미하는 것으로서 분쟁당사자의 이익, 주장 가치뿐만 아니라 사회적 가치와 규범을 고려하여 결정을 내리게 된다.

다음으로 전통적 갈등해결방법으로는 협상, 조정, 중재 등이 있다. 협상은 산출과 절차에 있어서 당사자의 통제수준이 높은 갈등해결방법이다. 협상은 외부의 개입 없이 갈등당사자들이 주도해서 갈등을 해결하는 과정인 것이다. 일반적으로 흥정(bargaining)은 협상의 한 유형으로서 Zero−Sum Game 상황에서의 협상을 지칭한다(Yarn, 1999). 갈등해결에서 협상은 가장 고전적이며 보편적으로 사용되는 수단으로서 이해관계에 놓인 갈등당사자들이 합의에 도달하기 위한 일련의 커뮤니케이션인 것이다(Fisher and Ury, 1981).

		산출에 대한 협상자의 통제수준	
		저	고
절차에 대한 협상자의 통제수준	저	재판	조정
	고	중재	협상

출처: Lewicki er al.(2006, 486)

〈그림 2−1〉 제3자 개입에 대한 협상자의 통제수준

조정은 본질적으로 절차와 관련된 중립적 제3자 개입으로서 제3자가 회의 진행절차, 방식, 의제설정 등에 대한 주도권을 갖는 반면, 갈등해결의 최종 결정권은 분쟁당사자가 행사하는 갈등해결방법이다. 중립적인 제3자가 갈등당사자들 간의 의사소통을 돕는 활동을 지칭하는 조정은 협상과정이 안정적으로 진행될 수 있도록 유도하며, 교착상태에 놓인 협상에 추진력을 제공할 수 있다. 조정의 장점은 당사자 중심의 갈등해결책 모색과 그 해결책의 성실한 이행이라는 자율적(unassisted) 협상의 중요한 장점을 유지할 수 있다는 것이다. 그러므로 갈등당사자는 부담 없이 제3자의 개입을 요청할 수 있고 제3자의 조력으로 협상을 성공적으로 타결할 수 있게 되는 것이다. 이런 이유로 조정을 "조력된(assisted) 협상"(Susskind and Cruikshank, 1987) 또는 "협상과정의 확대와 정교화"(Moore, 1986)이라고도 한다. 알선(Conciliation)이나 문제해결 회의진행(Facilitation) 등도 광의의 조정에 속한다.

중재는 본질적으로 산출과 관련된 중립적 제3자 개입으로서 갈등당사자들이 요청 혹은 사전에 합의된 절차나 규정에 의해 중립적인 제3자가 갈등사안을 심의, 최종 판정을 내리는 갈등해결방법이다. 중재에는 제3자가의 결정이 갈등당사자들에게 구속력이 있는가 없는가에 따라 비구속적 중재와 구속적 중재로 나뉘는데 구속력 있는 중재는 법원판결과 유사하게 갈등당사자들에게 승복의 의무가 있는 것을 말한다. 분쟁당사자간 사실관계에 이견이 있을 때 제3자가 중립적인 입장에서 사실조사를 대행해주는 중립적 사실조사(Neutral Fact Finding)도 문제해결을 위한 사실조사-판단과정에의 제3자 개입이라는 측면에서 광의의 중재에 해당된다고 할 수 있다.

〈표 2-1〉은 협상, 조정, 중재라는 대안적 갈등해결방법의 기본적 유형의 특성을 비교한 것이다.

〈표 2-1〉 대안적 갈등해결방법 유형의 특성비교

상대방의 참여의 강제여부	자발적	자발적	자발적	강제적
제3자의 개입	×	○(조정인)	○(중재인)	○(판사)
절차	×	△	○(by당사자)	○(소송법)
종료	당사자	당사자	중재인	판사
효력	민법상 계약	Depends	집행력 ○ 기판력 △	기판력, 집행력 등.
절차의 특성	사적 절차	원칙: 사적 절차 (행정형 ADR 경우는 달리봄)	사적 절차, 이의있으면 국가개입	공적 절차

한편, 〈그림 2-2〉는 갈등해결과정의 공식성, 산출에 대한 갈등당사자의 강제력 사용정도, 갈등해결에 있어서 제3자의 역할과 권능을 기준으로 갈등해결유형을 스펙트럼 형태로 유형화하는 것이다(Moore, 1986, Deutsch and Coleman, 2000). 갈등해결스펙트럼의 양극단은 갈등이 발생하였을 때 이를 회피하는 경우와 초법적인 강제력을 동원하여 갈등을 해결하려는 경우로 나누어진다. 이 양극단의 중간에는 갈등당사자에 의한 갈등해결, 사적 제3자에 의한 갈등해결, 공적 권위적 제3자에 위한 갈등해결이 놓이게 된다. 갈등당사자에 의한 갈등해결에는 비공식적 토론과 문제해결, 협상, 그리고 조정이 포함되며, 사적 제3자에 의한 갈등해결에는 행정결정과 중재가 그리고 공적 권위적 제3자에 위한 갈등해결에는 사법적 판결과 입법적 결정이 포함되다. 초법적인 강제력에 의한 갈등해결도 비폭력적, 폭력적 갈등해결방법으로 나뉘게 된다.

<table>
<tr><th colspan="4">당사자에 의한 갈등해결</th><th colspan="2">사적 제3자에 의한 갈등해결</th><th colspan="2">공식적 제3자에 의한 갈등해결</th><th colspan="2">초법적 강제력에 의한 갈등해결</th></tr>
<tr><td>회피</td><td>비공식적 문제해결토론</td><td>협상</td><td>조정</td><td>행정적 결정</td><td>중재</td><td>사법적 판단</td><td>입법적 결정</td><td>비폭력적 갈등해결</td><td>폭력적 갈등해결</td></tr>
<tr><td colspan="10">증가된 강제력,
산출에 있어서 Win-Lose의 경향 →</td></tr>
</table>

출처 : Moore (1986, 7)

〈그림 2-2〉 갈등해결 스펙트럼

갈등은 통상 〈그림 2-2〉에서 보여주는 경로와 순서를 통해 발전하고 해결되는 경향이 있다(Moore, 1986). 갈등이 발생하면 일반적으로 당사자 스스로 갈등을 해결하려고 한다. 일단 갈등이 발생하면 사람들은 갈등을 회피(avoidance)함으로서 갈등이 스스로 소멸되도록 하려고 한다. 그러나 회피를 통한 갈등해결이 더 이상 불가능하다고 생각할 경우 사람들은 통상 비공식적 문제해결토론(informal problem-solving discussion)에 의존하게 된다. 이 과정에서 갈등당사자 간에 이익이 충돌되는 지점이 있다고 판단될 경우 갈등당사자는 협상(negotiation)을 통해 서로 받아들일 수 있는 합의를 모색하게 된다. 만약 협상을 통해 합의에 이르기 어렵다고 판단될 경우 갈등당사자는 제3자의 조력을 필요로 하게 되는데, 조정은 산출에 대한 최종 결정권을 갖고 있지 않는 제3자에 의한 갈등해결방법으로서 확장된 협상과정이라 할 것이다.

협상과 조정을 넘어서면 갈등해결에 있어서 제3자의 역할이 보다 중요하게 된다. 일반적으로 조직 내 갈등의 경우 행정적 혹은 관리적 갈등해결방법(administrative or executive dispute resolution approach)이 동원된다. 또한 중재를 통한 갈등해결이 시도될 수 있다. 중재는 중립적 제3자가 갈등사안을 심의, 최종 판정을 내리는 갈등해결방법으로 갈등당사자의 자발적 요청에 진행된다. 행정적 혹은 관리적 갈등해결방법이나 중재는 갈등해결과정과 결과가 사회적으로 합의된 가치와 규범에 구속되지 않는다는 점에서 사적인 갈등해결과정이다.

중재를 통해서 갈등이 해결되지 않을 경우 제도화되고 사회적으로 그 권위가 인정된 제3자에 의한 갈등해결이 시도된다. 즉 갈등해결과정이 사적 영역에서 공적 영역으로 이동하게 되는 것이다. 사법적 판단과 입법적 결정이 여기에 해당된다. 사법적 판단과 입법적 결정 모두는 갈등해결과정의 산출에 있어서 갈등당사자의 입장과 이익은 물론 사회적 가치와 규범도 중요한 요소로 작용한다. 차이점이 있다면 사법적 판단은 이미 합의된 사회적 가치와 규범에 위배 되는가 혹은 아닌가에 초점을 맞추어 갈등해결을 시도한다면 입법적 결정은 갈등해결에 있어서 다수결에 의한 결정과 같은 힘의 논리가 작동된다는 것이다.

마지막으로 제도화된 갈등해결기제가 작동되지 않을 경우 갈등당사자들은 초법적 강제력에 의존한 갈등해결을 시도하게 된다. 이러한 갈등해결과정은 시민불복종운동, 시위와 같은 비폭력적 행동과 폭력적 행동으로 구분될 수 있는데, 개인이나 집단 그리고 사적 영역이나 공적 영역 모두에서 작동되는 갈등해결방법이다.

이러한 갈등해결 스펙트럼에 기초하며 대안적 갈등해결방법의 유형을 살펴보면, 소송을 통한 갈등해결, 즉 사법적 판단에 기초한 갈등해결보다는 사적이고, 자율적인 갈등해결방식인 비공식적 문제해결토론, 협상, 조정, 행정적(관리적) 결정, 중재 등이 포함된다.

그밖에 다양한 형태의 대안적 갈등해결방법이 존재한다. 조정과 중재를 혼합한 절차로서 갈등 당사자들이 우선 조정으로 이슈를 해결하고 해결되지 않은 이슈는 구속력 있는 중재로 전환되는 대안적 갈등해결방법인 조정-중재(med-arb) 기법, 중립적 제3자가 공정하게 사실을 확인하여 그 보고서를 제출함으로써 갈등 당사자간 또는 대리인간의 협상을 지원하는 대안적 갈등해결방법인 사실확인(fact-finding), 대안적 분쟁해결 방법과 소송을 연계해서 진행하는 분쟁해결방법인 이중접근법(two-track approach), 분쟁 당사자들의 합의에 기초하여 재판관이 선임되고, 이 재판관이 판사로서의 권한을 부여받아 사적, 비공식적인 절차를 통해 신속하게 갈등을 해결하는 대안적 갈등해결방법인 사적 재판(private judging), 소송, 조정, 중재의 특성이 모두 혼합된 화해 절차인 약식심판(minitrial) 등이 있다.

더 나아가 보다 구조화된 대안적 갈등해결방법들이 있는데, 옴부즈맨과 다단계 절차 등이 이에 해당된다. 옴부즈맨(ombudsman)은 원래 스칸디나비아 국가에서 행정집행권의 남용과 부정을 방지하기 위해 시민이 청원하면 독립적 사실조사를 수행하여 시민의 불평과 불만을 해소하기 위한 직책이었다. 비편파성을 유지하며, 조사권과 조언권을 갖고 있는 옴부즈맨(또는 옴부즈퍼슨)은 현재 행정부뿐만 아니라 학교와 기업을 비롯한 사회조직으로 그 영역이 확대되어 기관의 분쟁해결 장치로서 기능하고 있다. 다단계(multi-step)는 분쟁 당사자들이 특별한 분쟁이 발생할 경우 계약조항에 점진적인 분쟁해결 절차를 약속하는 것이다. 분쟁이 발생하면 단계적 절차를 거쳐 해결을 모색하게 되는데, 제1단계로서 분쟁 당사자간에 협상을 시도하고, 만약 실패하면 상위의 경영자가 협상을 진행한다. 제2단계는 조정을 통해 분쟁을 해결하며, 제3단계로는 구속 중재나 사적 재판 또는 소송을 통해 분쟁을 점진적 방식으로 해결해 나가는 것이다.

대안적 갈등해결방법의 주요 유형인 협상, 조정, 중재에 대한 보다 세밀한 검토를 해보면 다음과 같다.

1) 협상(Negotiation)

① 협상이란

'negotiation'의 어원은 라틴어 neg(not)과 otium(leisure)가 결합된 단어로, 휴식이 아닌 일 또는 사업을 의미한다. 이는 bargaining과 같은 비즈니스 의미와 연관성이 깊다. 흔히 흥정(bargaining)은 협상(negotiation)과 유사한 의미로 이해되며, 혼용하는 경우도 있다. 일반적으로 흥정은 협상의 한 유형으로서 제로섬 게임(zero-sum game)상황에서의 협상을 지칭한다(Yarn, 1999).

협상(negotiation)은 가장 고전적이며 보편적으로 사용되는 갈등해결수단으로서 이해관계에 놓인 당사자들이 합의에 도달하기 위한 일련의 커뮤니케이션을 의미한다(Fisher and Ury, 1981). 이 외에도 협상에 대해서 다수의 학자가 정의한 바 있는데, Cohen(1982)은 자기가 원하는 것을 타인으로부터 얻기 위해 상대방에게 호감을 얻어내는 방법에 초점을 둔 지식이나 노력의 집합체로 정의한다. Zartman and Berman(1982)는 대립하는 가치들이 하나의 합의된 결정으로 결합되는 과정이라 하였다. 한편 Raiffa(1982)는 둘 혹은 둘 이상의 당사자가 이해관계 혹은 가치에 차이가 존재한다는 것을 인식하여, 합의안을 찾고자 하는 상황에서 고려된다고 하였다.

협상의 개념정의를 한마디로 하기는 어렵지만, 위와 같은 내용을 참고하여 정리하면 , 협상이란 둘 또는 그 이상의 당사자(parties)가 커뮤니케이션(communication)을 통해 문제를 해결(problem-solving process)하거나 합의(commitment)에 도달하는 협력적(cooperation) 공동의사결정과정(joint decision making process)이라 할 수 있다.

② 협상의 유형

우선 협상상황 혹은 협상방법에 따라 분배적 협상과 통합적 협상으로 구분할 수 있다. 분배적 협상이란 희소한 자원을 놓고 어떻게 배분할 것인지를 협상하는 상황으로, 어느 한 쪽이 더 많이 가져갈 경우, 반드시 나머지 한 쪽은 잃게 된다. 제로섬 게임(zero–sum game), 윈루즈 게임(win–lose)이라 하기도 한다. 통합적 협상이란 공동의 노력으로 당사자들 모두 이익을 얻는 결과를 얻고자 하는 상황이다. 윈–윈 게임(win–win game)이라고도 하며, 파이의 크기를 키우기 위한 방안을 찾는 방법이다.(대통령자문 지속가능발전위원회, 2003)

한편, Fisher & Ury는 대부분의 사람들이 알고 있는 협상 전략을 입장에 근거한 협상이라 하면서, 새로운 대안으로 '원칙화된 협상(principled negotiation)'을 제시하였다. 일반적으로 사람들은 관계를 손상시키지 않기 위해 양보하고 대결을 피하는 연성 전략과, 양보를 강요하거나 위협하는 강성 전략 중 선택하게 된다. 그러나 입장에 근거한 협상은 비효율적이며, 어리석은 결과를 가져온다. 원칙화된 협상은 효율적이고 우호적으로, 현명한 협상 결과를 얻어낼 수 있는 방법으로, 이해관계에 근거한 협상이다(Fisher and Ury, 1981). 원칙화된 협상은 다음과 같은 내용으로 요약할 수 있다. 먼저 문제와 사람을 분리하여, 문제를 함께 해결하기 위해 협력한다. 이 때 입장이 아닌 이해관계에 초점을 맞추며, 상호 이익이 되는 옵션을 개발한다. 객관적이고 공정한 기준에 입각해 협상한다. 즉, 원칙화된 협상은 철저히 이해관계에 입각하여 창의적으로 해결 방법을 만들어내고자 하는 것이다.

③ 성공적인 협상을 위해 고려해야 할 요소

성공적인 협상을 이끌어 내기 위해서 고려해야할 요소를 살펴보면 다음과 같다.

당사자

협상 주체로서 일정한 이해관계를 가지고 협상에 통제권을 가지고 있는 사람이다. 당사자는 협상에 직접 참여하거나 대리인을 통해 간접적으로 협상을 진행할 수 있다. 당사자의 수가 많아질수록 협상의 복잡성과 불확실성은 증대된다(심준섭, 2014).

쟁점

이슈(issue), 의제 등으로도 불리며 협상을 통해 다루어야 할 문제라 할 수 있다. 한 협상에서 쟁점은 하나일 수도 있고, 여럿일 수도 있다. 쟁점이 하나일 경우 분배적 협상으로 흐를 가능성이 크다. 반면 쟁점이 많아질수록 의제 간 거래가 가능해져 더 나은 협상 상황이 만들어진다(Raiffa, 1982).

협상 당사자의 수와 이슈의 개수에 따라 협상 상황이 다양하게 나타날 수 있다. 협상 당사자는 둘인 경우(two−party), 둘 이상인 경우(multi−party)로, 협상의 쟁점은 단일 이슈, 다중 이슈로 구분된다. 가장 기본적인 협상 상황은 양자 협상이며 단일 이슈 상황으로, 대개 분배적 협상으로 나타난다.

입장과 이해관계

Fisher & Ury의 통합적 협상법에 따르면 입장(position)과 이해관계(interests)를 구별하여 이해관계에 입각한 협상을 하는 것이 바람직하다고 한다. 이 때 입장이란 특정한 의제에 대해 명시적으로 선호를 표현한 문장이다. 이해관계는 그러한 입장을 가지게 된 이유, 즉 내재된 욕구, 필요, 두려움 등을 포함한다.

대안과 BATNA

대안(Alternatives)이란 협상 이외에 할 수 있는 조치, 행동, 얻을 수 있는 것등을 말한다. 협상을 하지 않고 얻을 수 있는 결과를 고려하여, 협상을 하는 경우 그보다 더 못한 결과를 가져온다면 협상을 할 이유가 없는 것이다. 이때 여러 대안들 중 협상 이외에 최선의 대안을 BATNA(Best Alternative To a Negotiated Agreement)라 한다.

유보가격과 합의가능 영역(ZOPA)

유보가격(reservation price) 혹은 유보치(reservation value)라고도 하며, 당사자가 상대방의 제안을 수용할 수 있는 최저선을 말한다. 즉 유보가격 이하에서는 협상을 하지 않겠다는 한계점이다. 양자 협상 상황에서 합의가능 영역(ZOPA:Zone Of Possible Agreement)은 양 당사자의 유보가격 이상의 범위가 겹치는 영역에서 형성된다. 합의가능영역이 존재할 때 양의 합의가능영역(positive zopa)이라 하고, 존재하지 않을 때 음의 합의가능영역(negative zopa)이라 한다.

④ 협상 단계

성공적인 협상을 위해서는 협상의 단계가 어떻게 진행되는지를 이해하고, 각 단계별로 적절한 협상의 전략을 세우는 것이 중요하다. 협상 단계는 협상 전 단계, 협상 단계, 협상 이후 단계로 구분하여 볼 수 있다. 또 통합적 합의를 이루기 위한 협상과정으로 협상준비, 가치주장, 가치창조의 세 가지 단계로 구분하기도 한다(심준섭, 2014). 그러나 보다 철저한 준비를 위해 구체적으로는 다음과 같이 5단계로 나누어 볼 수 있다.

협상 준비 단계

협상을 하게 되었을 때 협상을 준비하는 단계가 필요하다. 협상 준비 단계에서는 위에서 살펴보았던 요소들을 고려하여 다음과 같은 내용을 검토하고 정보를 수집하여야 한다. 먼저 상대방과 협상에서 무엇을 쟁점으로 설정할 것인지 고민하고, 협상을 통해 무엇을 얻고자 하는지 결정한다. 다음으로 협상 상황이나 환경, 협상 상대방의 이해관계 및 결정권한 등을 파악하는 것이 중요하다.

예비 협상 단계

예비 협상 단계는 협상을 진행하기 전에 협상 진행을 위한 절차와 방법에 관해 협상하는 단계이다. 이 단계에서는 크게 두 가지 내용을 다룬다. 첫째, 상대방과 공동의 문제를 해결하고자 협상에 참여하는 파트너라는 인식을 공유하고, 상호 기본 입장을 교환한다. 둘째, 협상 진행 규칙을 정한다. 이는 협상 참석자, 장소, 시간, 방법을 정하고 협상 의제를 설정하는 것이다.

본 협상 단계

본 협상 단계에서는 예비 협상 단계에서 합의한 규칙과 의제에 따라 협상을 진행한다. 각 협상 당사자는 정해진 의제에 따른 각자의 입장과 이해관계를 파악한다. 다음으로 의제에 관련한 정보 및 사실을 공동으로 확인하고 공유한다. 문제와 각자의 이해관계를 충분히 이해하는 단계를 거친 후에는, 다양한 옵션을 개발한다. 상호 이익을 위한 다양한 해결 방안을 브레인스토밍 등의 기법을 활용하여 개발한다. 이후 객관적인 기준에 따라 옵션을 선택한다.

합의문 작성 단계

상호 동의과정을 거쳐 명확하게 합의문을 작성하고, 구체적인 이행 계획을 세운다. 미래에 발생할 수 있는 문제에 대비하여 갈등 관리 방안을 합의문에 명시한다. 작성된 합의문의 내용을 쌍방이 이해하고 있는 바를 정확히 반영하고 있는지를 확인하는 것이 중요하다.

합의문 이행 및 재협상 단계

합의를 모든 이해관계자에게 공개하고 합의문 및 이행 계획을 점검한다. 합의 내용을 이행하는 과정에서 예상치 못한 변수가 발생하기도 한다. 이 때 합의를 수정하기 위한 재협상을 진행할 수 있다.

2) 조정(Mediation)

① 조정이란

조정(調停)은 'med'는 가운데를 의미하는 것으로, 제3자가 당사자들 가운데에서 당사자들의 문제해결 과정을 돕는다는 의미이다. 조정(Mediation)은 중립적이고 객관적인 제3자의 도움을 받아 당사자 간 합의를 도출하는 절차이다. 앞서 살펴보았듯이 조정은 절차에 대한 제3자의 개입이다. 조정인은 협상 절차를 통제하고 당사자 간 협력적인 대화를 돕는 역할을 한다. 이 때 조정인은 최종적인 결정을 내리거나 해결책을 제시할 수 있는 권한을 가지지는 않는다. 결국 당사자들이 자율적으로 합의한다는 점을 특징으로 한다.

조정과 유사한 개념으로는 알선(conciliation), 촉진(Facilitation)이 있다. 'conciliation'이란 조정인이 조정안을 제시하지 않고 단순히 절차 진행과 의사소통을 돕는 역할만 수행하는 경우를 말하는데, 이를 알선이라 번역하는 것이다. 반면 conciliation이 조정안을 낼 수 있다는 점에서 오히려 conciliation을 조정으로 번역하고, mediation을 중개(仲介)로 번역하자는 의견도 있다(2010, 함영주).

촉진(Facilitation)은 당사자들의 의사소통을 원활하게 하고 정보가 제대로 전달될 수 있도록 촉진하는 방법이다. 문제해결 과정에 집중하며 진행 과정의 속도를 조정하고 문제해결과정을 단계적으로 밟아나갈 수 있도록 한다는 특징이 있다. 촉진자, 혹은 진행자(facilitator)는 조정인과 매우 유사한 역할을 하며, 반드시 중립적이고 객관적인 제3자여야 하는 것은 아니다(대통령자문 지속가능발전위원회, 2003). 이러한 알선(conciliation) 이나 촉진(Facilitation) 등도 광의의 조정에 속한다(김학린 · 강명헌, 2009).

② 조정의 유형

일반적으로 조정은 평가적 조정(evaluative mediation)과 촉진적(facilitative mediation), 혹은 지시적 조정과 비지시적 조정으로 분류한다.

평가적 조정에서 조정인은 협상에 대한 조정인의 견해를 제시하는 등 협상에 비교적 활발히 참여한다. 당사자들의 주장을 평가해주기도 하며 전문성을 기초로 지침을 제시해주기도 한다. 때문에 평가적 조정인은 대개 전문성을 가지고 있는 경우가 많다. 반면 촉진적 조정은 당사자들의 의사소통을 촉진시킨다는 의미로, 분쟁당사자들의 협상에 활발히 참여하지 않는 대신에 논의가 주제를 벗어나지 않도록 조언한다(안순철 · 최장섭 , 2003).

③ 성공적인 조정을 위해 고려해야 할 요소

당사자들의 자발성과 의지

또한 조정은 갈등 당사자를 갈등해결의 주체로 보기 때문에, 당사자들 스스로 갈등해결의 자발성과 의지가 필요하다(대통령자문 지속가능발전위원회, 2003). 당사자 간 관계가 악화되어 있는 등 협상이 더 이상 진행되기 어려운 상황에서도 당사자들이 상대의 협력이 반드시 필요하다는 인식이 있어야 한다. 당사자들이 제3자의 도움을 받아서라도 상대방과 대화를 통해 갈등과 문제를 해소하려는 인식과 의지가 필요하다는 것이다(김광구, 2014). 이러한 맥락에서 갈등 상황이나 당사자들의 인식이 어느 정도 성숙되어야 조정 절차를 진행하는 데 동의할 수 있게 된다.

조정인의 중립성

성공적인 결과를 얻기 위해서는 조정인의 개입이 당사자들에게 인정되어야 한다는 것이다. 이 때 조정인의 중립성은 당사자들의 신뢰와 직결되는 문제이기 때문에 조정인의 중립성이 의심받을 경우 조정 절차가 어려울 수 있다. (대통령자문 지속가능발전위원회, 2003). 조정인은 당사자들이 모두 동의하는 절차를 설계하고 관리하여야 한다(김광구, 2014). 모든 당사자들이 갖고 있는 이해관계를 파악하고, 당사자들이 감정을 조절하고 직면한 문제와 실익에 집중할 수 있도록 유도해야 한다. 조정인은 당사자들이 쟁점에 관해 각각 이해하고 있는 바를 파악하기 위해, 혹은 조정이 난관에 봉착했거나 당사자들의 감정을 가라앉히기 위해 개별면담(caucus)을 활용한다.

문제해결의 자율성

조정 과정에서 갈등해결의 주체는 당사자이므로, 조정과정에서 대부분의 결정권은 당사자에게 있다. 조정인의 도움을 받아 절차를 진행하지만, 당사자들이 스스로 갈등에 관해 이해하고 해결책을 찾아내야 하는 것이다. 합의를 할 것인지 말 것인지 최종 결정 또한 당사자가 가지며, 이러한 자율성이 있어야 그 결정에 따른 실행력이 높아질 수 있는 것이다(대통령자문 지속가능발전위원회, 2003). 또한 협상과 마찬가지로 당사자들이 자율적으로 참여하기 때문에, 모든 당사자가 만족할 수 있는 창의적인 해결방법을 찾을 수 있다.

④ 조정 단계

조정 과정은 간략하게 사전조정단계, 조정단계, 사후조정단계로 구분할 수 있다(김광구, 2014). 각각의 조정 단계에서 조정인이 중요한 역할을 수행하며, 특히 주요 갈등 원인, 핵심 갈등 당사자 등을 파악하는 사전조정단계가 가장 중요한 단계라 할 수 있다.

사전 조정단계

어느 일방 당사자로부터 의뢰를 받으면, 조정인은 먼저 해당 갈등에 관한 사전 정보를 수집한다. 기본적인 사실관계, 주요 갈등 원인, 핵심 갈등 당사자 등을 파악한다. 그 뒤에 당사자들을 만나 조정 참여 의사를 묻고 인터뷰를 통해 당사자 그룹의 대표자, 갈등 원인, 쟁점을 분석하는 것이다. 또한 조정 절차를 진행하는 장소, 기간, 운영 규칙(ground rule)의 초안 등을 준비한다.

조정단계

조정은 조정인의 개시 선언으로 시작되며, 참여 당사자들을 확인하고 조정의 목적 및 절차 등을 설명한다. 이후 각 당사자들의 모두 발언으로 각자의 기대, 의견, 제안 등을 제시한다. 이후 토론 과정을 통해 입장과 의견을 조율하는데, 이 때 외부 전문가의 의견을 구하기도 한다. 또한 효율적이고 효과적인 진행을 위해 소규모 회의나 조정인과 당사자의 개별면담(caucus)을 통해 의견 차이를 해소해 나간다. 합의가 도출되면 소수의 합의안 작성 팀을 구성하여 초안을 작성한다. 합의안의 초안을 여러 번 회람하여 문구와 내용을 수정하고 확인하는 과정을 거치고, 전체 회의에서 확정한다.

사후 조정단계

조정안이 확정되면 합의안을 각 당사자 그룹으로부터 추인 혹은 동의를 받는 과정이 필요하다. 각 대표자들이 해당 그룹으로부터 추인을 받으면 합의안을 공식화하고, 합의 내용을 실행하게 된다. 합의안 이행 과정에서 발생할 수 있는 변수, 상황에 대응하기 위해 모니터링을 수행하는 것이 필요하다.

3) 중재(Arbitration)

① 중재란

중재는 중립적인 중재자가 개입하여, 각 당사자가 각자의 입장에서 주장하고 증거를 제출하도록 한 후, 중재자가 최종 결정을 내리는 분쟁해결방식이다. 결정을 내리면 갈등해결절차가 종결되기 때문에, 갈등이 장기화되지 않고 신속히 종결될 수 있다는 장점이 있다.

중재는 여러 대안적 분쟁해결 중에서도 재판과 유사한 형태의 절차라 할 수 있다. 중재법은 중재란 당사자 간의 합의로 재산권상의 분쟁 및 당사자가 화해에 의하여 해결할 수 있는 비재산권상의 분쟁을 법원의 재판에 의하지 아니하고 중재인(仲裁人)의 판정에 의하여 해결하는 절차(중재법 제3조 제1항)라고 정의하고 있다. 중재판정부는 일반적으로 1명 또는 3명의 중재인으로 구성된다.

② 중재의 유형

중재자의 결정에 따를 의무가 있는지 여부에 따라 구속적(binging), 비구속적(nonbinding) 중재로 구분할 수 있다. 구속력 있는 중재는 법원판결과 같이 중재 결정에 분쟁당사자들이 승복할 의무가 있는 것을 말한다. 반면 비구속적 중재는 당사자가 중재자의 결정에 반드시 따를 의무는 없어 조언적 의미만 갖는다(안순철 외, 2003).

한편 중재에서 다루는 갈등에 따라 노동중재, 상사중재 등으로, 중재지의 국적에 따라 국내중재와 국제중재로 구분할 수 있다. 상사중재에 많이 활용되는 최종제안중재(final-offer arbitration)는 일정한 중재의 절차를 거친 이후에 당사자들이 각자 최종 제안서를 제출하면, 중재자가 그 중 하나를 최종 합의서로 선택하는 방식이다.

4. 소결: 대안적 갈등해결방법의 한국적 적용

미국 등 선진국의 갈등해결제도 발전과정과 현황을 통해 향후 우리 사회에 필요한 제도 도입의 방향과 내용을 설정하는 데에 중요한 시사점을 얻을 수 있다.

미국 등 갈등해결제도 선진국에서는 오랜 동안 민간 및 공공 영역에서의 갈등 해결 경험이 축적되고, 전문가가 배출되고, 전문적 갈등해결 프로세스가 개발되고 그 효과가 검증되면서 점차적으로 국가적 차원에서 제도화되는 단계를 밟았다. 특히 정책갈등 등 갈등의 폭과 심각도, 난이도가 높은 사안을 효과적으로 해결하려면, 전문적이고 체계적인 갈등해결 프로세스가 요구된다. 아울러, 갈등을 분석하고 그에 맞는 전문적 프로세스를 설계해 해결과정을 진행할 전문가를 필요로 한다. 미국에선 공공분야 및 민간분야의 갈등해결 서비스시장이 이미 형성되고 전문가들이 배출돼 활동 중인 상태에서 관련 법과 제도, 기구 등이 만들어지게 되었다.

요컨대, 전통적인 '갈등관리' 패러다임에서 '갈등해결' 패러다임으로 이행한 상태인 것이다. 갈등관리(Conflict Management)는 다소 애매하게 넓은 의미로 혼용되기도 하나, 기본적인 개념은 갈등을 관리의 대상으로 보는 것이다. 즉, 갈등을 해결하지 못하고, 그 대신 적당히 수습하거나 그 폐해를 방지

혹은 최소화하는 수준에서 관리하는 것을 가리킨다. 주로 공적 혹은 사적 권위에 의존하는 중재(Arbitration), 알선(Conciliation) 등 전통적 분쟁처리 방식이 갈등관리의 주요 메커니즘이다.

반면, 갈등해결(Conflict Resolution)은 기본적으로 갈등을 관리의 대상이 아니라 해결의 대상으로 보고, 근본적 해결을 지향한다. 조정, 합의형성(Consensus Building) 등 전문적이고 체계적인 갈등해결 프로세스에 의해 해결 혹은 예방하는 것이다. 갈등관리 시스템에서는 갈등을 관리할 수 있는 힘 혹은 권위가 중요한 반면, 갈등해결 시스템에서는 전문적인 문제해결능력이 핵심을 이룬다.

미국의 경우, 노동계 등에서의 실전 경험과 학계의 연구가 축적되면서 현대적 갈등해결 프로세스가 계발되고, 1970~80년대 ADR운동 등을 거치면서 1980~90년대에 제도화과정을 밟아 1990년대에는 갈등해결시스템이 상당히 구축되게 되었다. 반면, 한국은 아직 '갈등관리'를 논의하는 단계다. 갈등해결시스템 면에서 미국과 한국의 결정적 차이는 바로 여기에 있다. 한국사회 특히 공공영역에서 갈등이 빈발하고 잘 해결되지 않는 주된 원인은 바로 여기에 있다고 할 수 있다.

이렇게 볼 때 미국의 갈등해결제도 발전과정 및 운영현황이 우리에게 주는 주요 시사점은 다음과 같다. 우선, 대안적 갈등해결에 대한 미국사회의 경험은 한국사회에서 대안적 갈등해결이 정착되고 확산될 수 있는 이론과 모범사례를 제공하고 있다. 그러나 미국사회의 경험을 무조건적으로 이식하는 방식보다는 사법체계와 문화의 상이성을 감안하여 한국적 실정에 맞는 대안적 갈등해결의 이론과 모델을 모색해야 할 것이다.

무엇보다 중요한 점은 미국 등 선진국에서 효과가 검증된 전문적 갈등해결 · 예방 프로세스를 조속히 도입하고 적극 활용하도록 해야 한다는 것이다. 그 중에서도 특히 핵심은 조정제도을 도입, 활성화하는 일이다. 미국 사회 각

분야에서 가장 대표적인 갈등해결 프로세스로 자리잡은 것이 조정이다. 정책 다이얼로그, 협상에 의한 법규 제정 등 주요 갈등 예방 프로그램의 핵심 기반이 되는 것도 사실 조정 접근법이다. 갈등해결 전문가의 대다수도 조정인들이다. 요컨대, 갈등해결제도의 선진화, 또는 효과적인 갈등해결시스템 구축의 초점은 조정제도의 도입 및 정착에 맞춰져야 하는 것이다.

조정제도의 도입-정착을 위해 필수적으로 요청되는 것은 두 가지다. 첫째 선결요건은 조정제도를 실제로 적용할 전문가, 즉 조정인(Mediator)의 양성이다. 조정은 조정인 있어야 가능하기 때문이다. 전문성을 갖춘 조정인을 통해 갈등해결이 효과적으로 이뤄질 수 있다. 분야에 따라 다르지만, 통상적으로 100시간 내외의 훈련과정을 거치면 조정인이 될 수 있다. 대학 연구기관 등 소정의 자격을 갖춘 곳에서 공공분야, 비즈니스, 지역사회, 가족 등 분야별 전문 훈련 프로그램을 마련해 교육하도록 하면 될 것이다. 공인 자격증 제도를 만드는 등 국가적 차원에서 자격관리를 하는 것도 필요하다. 이와 함께 중요한 것은 정부 기관이나 기업 사회단체 등에서 활동할 내부 전문가(in-house specialists)를 양성하는 일이다. 특히 정부 기관의 경우, 공직자들 중 관심과 역량이 있는 이들을 내부 전문가로 양성해 소속 기관의 갈등해결 전문기구에서 일하면서 내외의 갈등 및 분쟁에 대처하도록 하는 것이 효과적이다.

둘째, 조정제도의 도입-활성화를 위해 또 한 가지 필요한 것은 이를 뒷받침할 제도적 장치를 갖추는 일이다. 특히 정부 기관의 경우 조정을 활용하기 위한 법적 근거가 필요하다. 갈등 사안이 있을 경우 해결 또는 예방을 위해 조정 등 전문적 프로세스를 적극 활용하도록 하는 제도적 장치를 마련하는 것이 바람직하다. 조정인인 제공하는 전문적 서비스에 대해 댓가를 지불할 근거도 마련돼야 한다. 지금까지 환경분쟁조정위원회 노동위원회 등 각 분야별 갈등조정기구에서 부분적으로 조정제도를 도입 활용하여 왔는데 이를 더욱 강화해야 할 것이다. 아울러, 지역사회, 이웃, 가족 갈등 등 순수 민간 분야에도 조정제도가 적극 활용되도록 하는 것이 바람직하다. 그럼으로써 사회 각 분야에 안정과 평화를 가져오고 동시에, 갈등해결 전문가의 존립기반을 튼튼히 하게 돼 갈등해결제도의 발전에 기여하게 될 것이다.

이와 더불어 갈등예방을 위한 제도적 장치마련, 정부 내 갈등해결전문기구 설치, 입법을 통합 제도화 등이 필요하다. 갈등의 효과적 해결 못지않게, 그보다 더 중요한 것은 사전에 예방하는 것이다. 특히 한국사회는 갈등이 빈발하고 좀처럼 해결되지 않은 채 지속되면서 막대한 갈등비용을 지불하는 실정이다. 따라서 효과적 갈등예방절차의 제도화가 가장 중요한 과제라 할 수 있다. 갈등을 예방하는 데 가장 효과적인 것은 참여민주주의의 확대다. 정부가 법규를 제정할 때, 공공정책이나 각종 정부사업을 입안-추진할 때 시민 혹은 이해당사자 대표들을 의사결정과정에 참여시키는 것이다. 여러 가지 방식과 절차가 있는데, 미국에서 활용돼 효과가 입증된 대표적인 것이 정책다이얼로그(Policy Dialogue)와 협상에 의한 법규제정(Negotiated Rule-Making)이다. 사회적으로 논란이 되거나 해당 주민 또는 업계의 이해관계에 큰 영향을 미치는 정책을 입안하거나 법규를 제-개정할 때 정부 및 관련 당사자들이 지속적으로 만나 이해관계를 사전에 조정하고 모두가 동의할 수 있는 안을 함께 만드는 것이 필요하다.

한편, 한국사회 갈등과 분쟁을 효과적으로 해결 · 예방하는 데 가장 중요한 역할을 해야 하는 것은 정부다. 앞에서 소개한 미국의 예에서 보듯이, 정부의 갈등해결능력을 향상시키고, 조정제도 등 전문적 갈등 해결 · 예방 프로세스를 효과적으로 활용하기 위해서는 갈등분쟁 관련 업무를 전담할 전문기구를 설치하는 것이 바람직하다. 이는 갈등해결시스템을 제도화하는 데 가장 핵심적인 일이기도 하다.

토론 사항	• 대안적 갈등해결방법을 통한 한국공공갈등 해결사례를 찾아보고, 성공과 실패의 원인에 대해 토론해보자. • 협상 · 조정 · 중재의 특성에 대해 알아보고, 이들이 쉽게 적용 가능한 사례에 대해 토론해보자. • 재판을 통한 갈등해결방법과 대안적 갈등해결방법의 장 · 단점에 대해 토론해보자. • 대안적 갈등해결방법의 한국적 적용방안에 대해 논의해보자

참고문헌

국민대통합위원회 · 한국사회갈등해소센터(2014), 『소통과 갈등관리 방법찾기』, 교보문고.

김광구(2014), 「조정의 이해와 실제」, 『소통과 갈등관리 방법찾기』, 교보문고.

김학린 · 강명헌(2009), 「공공분쟁 해결전략의 결정요인에 관한 경험적연구- 인과구조에 대한 탐색」, 『경영사학』 24-3: 213-237.

대통령자문 지속가능발전위원회(2005), 『공공갈등관리의 이론과 기법(下)』, 논형.

심준섭(2014), 「협상의 이해와 실제」, 『소통과 갈등관리 방법찾기』, 교보문고.

안순철 · 최장섭(2003), 「대안적 분쟁해결(ADR)의 이론과 실제: 미국의 경험과 한국사회에의 적용」, 『분쟁해결연구』 1-1: 5-38.

함영주(2010), 『분쟁해결방법론』, 진원사.

한국행정학회(2010), 「실효성 있는 갈등관리 · 해결 절차의 제도화 연구」, 사회통합위원회 보고서 2010-3.

Douglas H. Yarn(1999), *Dictionary of conflict resolution*, Hoboken, NJ: Wiley.

Roy J. Lewicki(2006), *Negotiation (5th Edition)*, New York, NY: The McGraw-Hill Conmanies.

Roger Fisher · William Ury(1981), *Getting to Yes: Negotiating Agreement Without Giving IN*, Boston, MA: Houghton Mifflin Company.

3 합의형성 기법

학습 목표	• 다양한 합의형성 기법과 그 특징에 대해 설명할 수 있다. • 상황에 따라 적절한 합의형성 기법을 선택할 수 있다.

1. 합의형성 기법의 개요

공공갈등관리의 프로세스를 진단, 예방, 해결로 구분하고, 이 프로세스를 활용하는 당사자 차원의 특성을 일방당사자, 당사자들 중심, 사회적 관심으로 구분하면 아래 그림과 같은 7가지 상황이 도출된다.

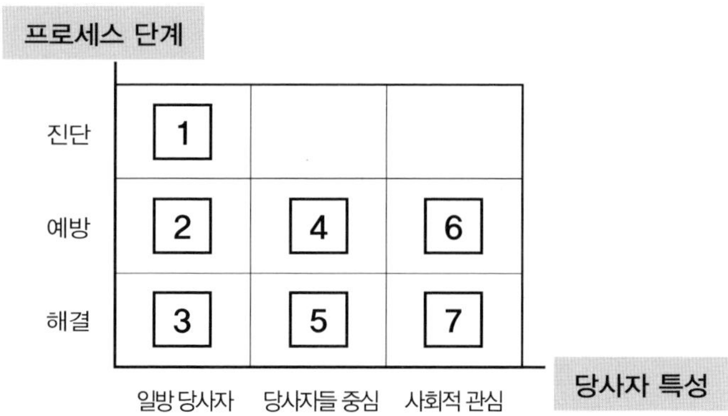

〈그림 3-1〉 합의형성 기법의 유형화를 위한 분류

(프로세스 단계 및 당사자 특성에 따른 구분)

① 공공갈등의 진단은 어느 일방당사자, 예를 들어 사업을 계획하고 있는 공공기관이 해당 사업으로 인해 갈등이 발생할 것 인지를 예상하기 위해 활용한다. 일정한 양식을 갖춘 진단표를 활용하여 해당 사업의 특성을 감안해 자체적으로 평가하거나 전문가들에게 평가를 의뢰하는 방식이 있다.

② 갈등의 발생이 예상되는 경우 예방적인 갈등영향분석을 실시할 수 있다. 이에 대해서는 국무조정실에서 발간된 갈등영향분석 가이드라인을 참고하면 된다. 이 때 발주처는 관계 기관이 된다.

③ 갈등이 이미 발생한 경우에도 갈등영향분석을 실시할 수 있다. 이 때 발주처는 관계 기관이지만, 이 경우 타 이해당사자 기관의 협조가 중요하므로, 사전 협의가 중요하다. 이 외에도 관계 기관은 갈등코칭이나 갈등 컨설팅을 통해 갈등에 대한 대응 방법을 모색할 수 있다.

④ 갈등의 발생이 예상되는 경우 당사자들이 협의체를 구성해 초기에 대응할 수 있다. 이 협의체는 평상시에도 운영됨으로써 상시적인 소통 채널의 역할을 담당한다.

⑤ 갈등이 발생했는데, 당사자들 중심으로 해결이 가능한 경우에는 협상, 조정, 중재 등 대안적 분쟁해결방법(Alternative Dispute Resolution, ADR)을 활용할 수 있다.

⑥ 갈등이 예상되는 쟁점이 사회적으로 관심이 큰 사안인 경우, 합의회의, 입지선정위원회, 공론조사 등이 활용된다.

⑦ 사회적으로 관심이 큰 사안에 대해 갈등이 이미 발생한 경우, 시민배심원제, 시나리오 워크숍, 주민투표 등이 활용된다.

2. 주요 공론화 프로세스

1) GMO 관련 합의회의 사례

합의회의(Consensus Conference)란 사회적 쟁점이 되는 문제(주로 신기술이나 윤리 문제가 동반된 과학 연구 등)에 대해 중립적이라고 인정할 만한 위원회가 기획하고 전문가들 뿐 아니라 시민들이 참여하여 심도 있는 논의를 진행하고, 시민 패널이 주도하여 해당 문제에 대한 의견을 모은 보고서를 작성하고 발표하는 방식이다.

시민 패널이 주도하는 현재의 합의회의 모델은 덴마크에서 완성된 것으로 알려졌다. 합의회의의 전신에 해당하는 기술영향평가(Technology Assessment)는 전문가 주도의 모델이었다. 그러나 1987년 덴마크 의회 산하의 기술평가국에서 유전공학분야에 대해 시민 패널 주도의 방식으로 진행한 것이 성공하면서 덴마크에서는 매년 두 차례 합의회의가 열릴 정도였으며, 이후 영국, 프랑스, 스위스 등 다른 유럽 국가 뿐 아니라 미국, 캐나다, 호주, 일본, 우리나라 등에도 확산되었다. 합의회의가 가장 활발하게 열린 덴마크의 경우, 다뤘던 주제로 유전공학을 농업과 산업에 응용하는 문제(1987), 식료품에 방사능을 이용하는 문제(1989), 인간 게놈의 연구와 응용(1989), 불임치료(1993), 전자주민카드(1993), 가상현실(1993), 식품과 환경에 대한 화학물질 위험 평가(1995), 유전자 치료(1995), 소비와 환경의 미래(1996), 어업의 미래(1996), 원격노동(1997), GMO(1999) 등이 있다(김환석, 2000).

우리나라 최초의 합의회의는 1998년에 추진되었다.[1] 당초 특정한 사회적 쟁점이 있는 문제가 존재하였기에 합의회의가 시도되었다기 보다는, 과

1 이 사례에 대해서는 개별 인용이 없는 경우 김환석(2000), 한재각(2006), 이영희(2008)의 세 가지 자료를 참조했다

학기술 정책에 있어서 전문가 위주의 흐름에 문제를 제기하기 위한 차원에서 합의회의를 추진한 성격이 있어서 처음부터 GMO(Genetically Modified Organism)를 염두에 두고 회의를 추진한 것은 아니었다(한재각, 2006).

당시 합의회의와 관련해서 최초로 진행한 공식 행사는 6월에 진행된 워크숍이었다. 합의회의를 국내에 소개하고, 합의회의 추진 방안도 공개하는 행사였다. 이 과정을 주도한 것은 유네스코한국위원회와 참여연대 시민과학센터(당시 과학기술 민주화를 위한 모임)이었다. 이들은 합의회의를 소개하는 리플렛을 제작 및 배포했고, 과학기술부 기자실에서 출입기자들을 대상으로 브리핑을 하는 등 홍보를 진행했다. 또한 기획 및 추진에 있어서 중요 의사결정을 하기 위한 위원회를 구성했다. 이 위원회는 생명공학, 인문사회학, 시민사회단체, 언론 등의 배경을 가진 사람들이 고루 참가했다. 7월 초 위원회에서 합의회의 주제를 GMO로 선정했다.

주제 선정 이후 합의회의의 성공에 있어 가장 중요한 단계인 시민 패널의 모집이 진행됐다. 언론 홍보 등을 통해 신청한 일반인들의 수는 40여 명이었다. 8월에 전화 및 대면 면접을 통해 지원자들을 파악하고, 위원회에서 최종적으로 14명의 시민 패널을 선발했다. 주요 고려 사항은 나이, 성별, 직업의 측면에서 다양성을 확보하는 것이었다.

선발된 시민 패널은 9월에 진행된 1차 예비모임에서 GMO와 관련된 기초자료를 받았다. 이 자료는 객관적이고 중립적이어야 한다는 기조에서 작성되었고 위원회의 검토를 거친 것이었다. 기초자료를 바탕으로 생명공학 전문가, 식품 위생 전문가, 언론사 생활과학부 데스크 등의 발표가 있었고, 시민 패널은 질의응답을 진행했다.

시민 패널은 10월에 진행된 2차 예비모임에서 더 구체적이고 전문적인 내용을 접했으며, 전문가들과 질의응답을 진행했다. 그 후 시민 패널은 자체적으로 토론하면서 주요 질문을 선정했다. 다음은 그 때 제시된 질문들이다(김환석, 2000).

- 유전자조작 식품이란 무엇인가? (동식물 미생물 포함)
- 유전자조작 식품은 필요한가?
- 유전자조작 식품이 인체에 미치는 영향은?
- 유전자조작 식품이 환경에 미치는 영향은?
- 유전자조작 식품을 둘러싼 정치 · 경제적 이해관계는 어떤가?
- 유전자조작 식품의 윤리적 · 종교적 문제는 무엇인가?
- 유전자조작 식품의 안전 · 윤리와 관련된 규제 현황 및 바람직한 방향은?
- 유전자조작 식품의 안전 · 윤리에 대한 교육은 어떻게 해야 하는가?

위원회는 이 질문들을 근거로 14명의 전문가 패널을 선정했다. 이 전문가 패널들은 11월 14일부터 16일까지 열린 합의회의 본 행사에서 각자가 받은 질문에 대한 주제 발표를 했다.

본 행사는 이 주제 발표, 시민 패널과 전문가 패널 전원이 참여한 질의응답 및 토론, 시민 패널들이 보고서를 작성하는 과정, 작성한 보고서를 발표하고 기자회견을 가지는 과정으로 이어졌다.

일반적인 합의회의의 과정은 다음과 같다.[2]

① 특정 쟁점에 대해 정부, 의회, 또는 시민운동 조직 등이 합의회의 개최를 기획

② 기획 주체가 사회적으로 중립적이라 인정받을 만한 운영위원회 구성

2 일반적인 합의회의의 과정에 대해서는 국무조정실(2013: 22-25), 이영희(2008)를 참고하였다.

(4~5명)

③ 운영위원회와 기획 주체가 합의회의 및 다루는 쟁점에 대해 홍보

④ 시민들이 자발적으로 시민 패널이 되기 위해 운영위원회에 참여 신청

⑤ 운영위원회에서 20명 이하로 시민 패널 선정

⑥ 운영위원회에서 시민 패널들에게 제공될 기본 자료 작성

⑦ 운영위원회가 관련 전문가가 발표하는 시민 패널 예비모임을 개최

⑧ 예비모임이 끝나고 시민 패널이 질문 목록 작성

⑨ 질문 목록에 따라 운영위원회가 전문가 패널 구성

⑩ 전문가 패널이 본회의를 앞두고 발표 자료 작성

⑪ 본 회의 개최 (총 4일로, 1일차 전문가 패널 주제 발표, 2일차 질의응답 및 토론, 3일차 시민 패널의 자체 토론, 4일차 시민 패널이 자체 보고서 작성 및 발표)

⑫ 정책에 최대한 반영될 수 있도록 보고서를 국회의원, 정부 관계 부처, 연구기관, 시민사회 단체 등에 발송

2) 신중부변전소 입지선정위원회 사례

입지선정위원회는 비선호시설이나 선호시설의 입지를 결정함에 있어서 사업추진기관의 단독 결정에 의하지 않고 이해관계자, 전문가 등이 포함된 위원회를 구성하여 결정하는 방식이다.

신중부변전소는 765kV급 변전소로서 당진화력 발전소 등 충남 서해안의 발전단지에서 생산된 전기를 충청권과 수도권 남부지역에 공급하는 목적으로 2011년부터 추진되었다.[3]

변전소가 위치할 수 있는 후보 지방자치단체는 안성시, 천안시, 진천군, 청

3 신중부변전소 입지선정위원회는 전형준 교수가 갈등관리 전문가로 참여했다. 사례의 내용은 전형준 교수가 직접 관찰한 내용과 국민대통합위원회 우수사례(장려상)로 정리된 내용 등을 참조했다.

원군 등 4개 지역이었다. 2012년 이들 4개 지방자치단체는 예비 후보지로 알려졌는데, 일부 지역에서는 이장협의회장을 대책위원장으로 하는 반대대책위원회가 구성됐고, 대책위 명의로 반대성명서도 발표됐다. 또한 지방의회가 임시회를 통해 반대 결의문을 채택하기도 했다.

각 지역에서는 변전소 건설에 반대하는 집회 및 시위가 일어났다. 주민 400여 명이 경기도 과천 정부청사의 지식경제부와 한전 본사 앞에서 항의시위를 열기도 했다. 지역 주민 4천 여 명이 서명한 반대 문서를 전달하기도 했고, 일부 지역 주민들은 변전소 건설이 백지화될 때까지 한전 본사 앞에서 매일 1인 시위를 하겠다고 발표하기도 했다.

입지선정위원회는 2013년부터 3월을 전후해 시작되었는데, 위원은 20명 내외로 구성되었다. 4개의 지방자치단체에 각 3명씩(주민대표, 공무원, 지방의회 의원)이 할당되었고, 지역 언론인, 산림 · 환경 전문가, 전기 관련 전문가, 한전 관계자, 갈등관리 전문가 등이 참석하였다.

위원들이 후보지를 압축해 나가는 방식은 블라인드 방식의 다기준 의사결정(AHP) 분석을 활용한 것이었다. 즉 위원들은 입지가 아니라 조건에 대해 투표하고, 조건과 후보지는 프로그램에 의해 매칭되는 방식이었다. 이 방식의 장점은 위원들이 어떤 의도를 가지고 한 곳을 입지로 선정할 수 있다는 우려를 불식시키는 데 있었다.

입지선정위원회는 2013년 3월을 전후해서 시작되었다. 당초 15개였던 후보지는 5월 16일에 개최된 제3차 입지선정위원회에서 10개 후보지로 압축되었고, 5월 29일 열린 제4차 입지선정위원회에서 다시 4개로 압축되었다. 7월 18일 개최된 제5차 회의에서 최종 입지가 선정되었다.

매 단계가 중요했지만, 특히 중요한 회의는 제4차 회의였다. 당초 이 회의의 계획은 그 전의 10개 후보지에서 5개 후보지로 압축하는 것이었다. 그런데 이 경우 4개 지방자치단체 중에서 적어도 한 곳은 두 개 이상의 후보지를

기 준	입지 선호도 가중치 부여									비 교
	중 요 ⇦				동등	⇨ 중 요				
	아주중요	중요	조금중요	보통	1	보통	조금중요	중요	아주중요	
자연환경보전	○	○	○	○	○	○	○	○	○	용지확보
	○	○	○	○	○	○	○	○	○	생활환경보전
	○	○	○	○	○	○	○	○	○	관광자원보전
	○	○	○	○	○	○	○	○	○	생산활동
	○	○	○	○	○	○	○	○	○	군사시설보호
용지확보	○	○	○	○	○	○	○	○	○	생활환경보전
	○	○	○	○	○	○	○	○	○	관광자원보전
	○	○	○	○	○	○	○	○	○	생산활동
	○	○	○	○	○	○	○	○	○	군사시설보호
생활환경보전	○	○	○	○	○	○	○	○	○	관광자원보전
	○	○	○	○	○	○	○	○	○	생산활동
	○	○	○	○	○	○	○	○	○	군사시설보호
관광자원보전	○	○	○	○	○	○	○	○	○	생산활동
	○	○	○	○	○	○	○	○	○	군사시설보호
생산활동	○	○	○	○	○	○	○	○	○	군사시설보호

〈그림 3-2〉 다기준 의사결정(AHP) 분석을 위한 투표 용지의 예시

갖게 되는 문제점이 있었다. 실제 투표를 한 결과는 더욱 안 좋았다. 2개의 지방자치단체에서 2곳씩의 예비후보지가 선정되었고, 한 곳은 한 곳의 예비후

보지, 나머지 한 곳은 예비후보지로 선정된 곳이 없었다. 이 문제에 대해 위원들이 진지한 토론을 한 것은 이 단계를 무사히 넘기는 데 중요했다. 입지선정위원들은 두 개씩 선정된 지방자치단체에는 한 개씩을 제거할 수 있는 권리를 부여했고, 예비이전후보지가 선정되지 않았던 지방자치단체에서 한 곳의 후보지가 배출될 수 있도록 조치했다. 이 결정은 입지선정위원회의 중간 과정을 안정화시켰을 뿐 아니라 입지선정위원회에 참여하는 것이 좋은 점도 있다는 것을 지방자치단체에 각인시키는 역할을 했다. 네 곳의 지방자치단체 중 한 곳은 이 회의까지 참석을 하지 않았는데, 공교롭게도 한 곳의 후보지도 나오지 않았던 곳이 그 지방자치단체였다. 자신들이 참여하지 않았기 때문에 회의 결과에 영향을 끼칠 수 없다는 것을 경험한 그 자치단체는 그 이후의 회의에 참석하는 변화된 모습을 보였다.

일반적인 입지선정위원회의 과정은 다음과 같다.

① 사업추진기관이 입지선정위원회에 대해 기획
② 기획 주체가 다양한 지역과 계층 등을 대변하는 입지선정위원 선정 (20명 내외)
③ 제1차 입지선정위원회 개최 (회의 규칙 등 제정)
④ 위원 별로 입지선정 조건에 대한 의견 1차 조사
⑤ 위원들의 의견을 수합해서 분석하고, 입지 후보지와 매칭해서 1차 결과 도출
⑥ 제2차 입지선정위원회에서 매칭 결과를 바탕으로 후보지 압축
⑦ 입지 후보지 답사
⑧ 위원 별로 입지선정 조건에 대한 의견 2차 조사
⑨ 위원들의 의견을 수합해서 분석하고, 입지 후보지와 매칭해서 2차 결과 도출

⑩ 제3차 입지선정위원회에서 매칭 결과를 바탕으로 후보지 추가 압축
⑪ 위의 과정을 필요한 만큼 반복해서 최종 후보지 선정
⑫ 최종 후보지에 대해 공람 등 진행

신중부변전소 건설과 관련해서 반발이 적지 않았고, 일부 언론에서는 제2의 밀양 사태가 예견된다는 기사까지 보도되었으나 최소한의 갈등으로 입지 선정이 마무리됐다.

3) 통일문제에 관한 공론조사 사례

공론조사(Deliberative Polling)란 모집단을 대표하는 표본을 추출하여 이들을 대상으로 쟁점에 대한 학습과 토론을 진행하고, 그것이 참여자들의 의견 변화에 미치는 영향을 측정하는 조사 방식으로서, 표면적인 대중의 의견이 아니라 심사숙고된 집단의 의견을 확인하는 방법이다. 공공갈등의 발생이 예상되거나 발생 초기인 경우, 일반적인 시민들이 충분한 정보를 접하면 더 현명한 판단을 내릴 수 있다는 전제 하에 진행된다.

공론조사는 스탠포드 대학교의 숙의민주주의 센터장인 제임스 피쉬킨이 1988년 정치 커뮤니케이션의 한 방법으로 제안한 후, 1994년 영국에서 범죄에 대한 정책을 대상으로 처음 실시됐다. 이후 미국, 호주, 캐나다뿐 아니라 이탈리아, 폴란드, 브라질, 아르헨티나, 우리나라, 중국, 일본 등 전 세계에서 활발히 진행되고 있다. 그동안 공론조사를 통해 다루어진 쟁점도 유럽 연합 가입 여부, 에너지 정책, 공공부문 개혁, 실업대책, 이민정책 등 다양했다.[4]

---

4 이하 공론조사에 대한 내용은 국무조정실(2013) 29~31쪽을 직접 인용 및 정리하거나 "KBS 스페셜 통일 대기획-2편 북한을 보는 두 개의 시선"(2011)을 직접 인용 및 정리한 것, 또는 http://cdd.stanford.edu 에 소개된 내용을 직접 인용 및 정리한 것임.

공론조사의 예로는 서울대(언론정보연구소, 통일평화연구원), KBS 방송문화연구소, 스탠포드대 숙의민주주의 센터가 공동으로 진행한 통일문제에 관한 공론조사(2011년)가 있다.

통일 정책에 있어서 일관성을 유지하기 위해 필요한 주제 중에서 세 가지 사안(남북 교류협력과 북핵문제, 개성공단과 금강산 관광, 통일 정책)은 이념 대립을 극복한 국민적 합의가 필요하다고 보고 추진되었다.

참여시민을 선정하는 데 있어서 모집단은 KBS 국민패널 10만 명이었고, 토론 참가자는 집합 교육이 진행되어야 하는 점 등을 감안해 서울 · 경기 지역의 성별, 세대별, 거주 지역별, 정당지지도 등을 안배하여 선정했다.

공정한 조사를 위해 서울대 언론정보학과의 교수 2인이 진행을 맡았고, 스탠포드대의 엘리스 박사가 현장에서 조사과정을 감리하고 지휘했다. 전문가 그룹으로는 보수 쪽의 교수 및 연구원 2인, 진보 쪽의 연구원 2인이 참여했다.

첫 번째 조사는 2011년 8월 8일 실시되었다. 이 조사의 응답자들이 공론조사의 표본이 되었다. 이어지는 합숙토론(공론화 과정)은 8월 20-21일 동안 서울 · 경기에 거주하는 193명이 참여하여 진행되었다. 합숙토론은 주제별 소그룹 토론, 전문가가 참여하는 전체 질의응답으로 구성되었다. 숙의를 거친 참여자들의 의견을 다시 측정하는 두 번째 조사는 8월 25일 실시되었다.

한편 비교집단(control group)으로 별도의 2천 명을 선정하여 같은 시기 동안 두 차례의 조사를 실시했다. 공로조사 그룹의 의견 변화가 토론으로 인한 것인지, 아니면 정세 변화 등 외부 요인에 의한 것인지를 파악하기 위해 비교집단을 조사하는 것이 바람직하다.

〈표 3-1〉 통일 문제에 관한 2011년 공론조사 결과〉※

공론화 토론을 통해 변화가 있었던 인식	토론 이전		공론화를 위한 토론 후
통일의 필요성	7.12	→	8.38
경제사정이 나빠져도 통일을 원한다	5.6	→	6.37
재원과 관련하여 남한의 통일비용 마련이 필요하다	6.15	→	7.43
핵문제 해결 전에는 대북지원을 중단해야 한다	5.38	→	4.42
핵문제와 상관없이 인도적 지원을 해야 한다	5.33	→	7.47
대북정책은 강경하게 해야 한다	6.4	→	5.46
남북정상회담을 해야 한다	6.07	→	7.32

※ 측정값은 0부터 10까지이고, 5가 중간값.

최종 분석 결과는 10월에 스탠포드대의 숙의민주주의 센터에서 도출했다. 공론조사를 거치면서 토론 참여자들의 의견이 상당히 바뀌었다. 북핵이 해결되기 전이라도 교류협력과 인도적 지원이 필요하다, 개성공단과 금강산 관광을 확대해야 한다는 여론이 높아졌다. 이는 보수 성향을 가진 사람들이 진보 쪽 의견을 일부 수용한 결과로 해석될 수 있다. 위의 표는 공론조사를 통해 변화가 관측된 사항들이다.

일반적인 공론조사의 과정은 다음과 같다.

① 사업추진기관 등이 공론조사 주관기관(공공기관, 언론사, 교육 기관 등)을 선정

② 주관기관은 운영위원회를 구성

③ 운영위원회는 토론진행자, 여론조사기관을 선정하고, 전문가 패널을 구성

④ 1차 의견조사 실시 (2~3천 명 규모의 공론 그룹과 비슷한 규모의 비교 집단)

⑤ 1차 의견조사 표본 중 공론 그룹에서 토론 참여자(2~3백 명) 선정,

⑥ 전체 토론 및 조별 숙의과정을 진행하고, 토의의 결과로 나온 질문들을 실무자 또는 전문가 패널에게 확인

⑦ 토론참여자를 대상으로 2차 의견조사 실시 (비교 집단을 대상으로도 2차 의견 조사 실시)

⑧ 공론조사 결과 분석 및 보고서 공표

4) 비선호시설의 건설에 대한 시민배심원제 사례

시민배심원제(Citizen's Jury)란 공공갈등의 발생이 예상되거나 발생했을 때, 갈등과 직접적인 이해관계가 없는 제3자가 갈등 쟁점에 대해 객관적으로 판단을 내릴 수 있다는 것을 전제로, 하나의 배심원 집단이 결론을 도출하는 방법이다.[5]

1974년 국가의료보건계획에 관한 제퍼슨 센터의 프로그램이 시초라고 알려져 있다. 제퍼슨 센터의 예처럼 시민배심원제의 주최 기관은 통상 전문적 비영리 단체가 적절하다고 볼 수 있다.

우리나라에서 시민배심원제의 예로는 울산 북구의 음식물자원화시설 관련 갈등 해소 사례(2004년)가 있다. 이 사례는 민관의 갈등을 평화적으로 해결했다는 점에서 의의가 있으나, 통상적인 배심원제의 진행방식과는 달랐다. 통상 배심원제는 정책 기획 단계에서 진행되는데, 이는 최종 결정에 대

5 시민배심원제에 대한 내용은 국무조정실(2013: 26-28)을 직접 인용 및 정리하였고, 특히 울산 북구 사례에 대해서는 김소연(2006)을 인용 및 정리한 것임.

한 배심원들의 부담을 줄여주는 의미가 있다. 그런데, 울산 북구의 경우 갈등이 심화된 이후였다.

배심원을 선발할 경우 일반적으로 무작위 선발을 가정한다. 그러나 울산 북구의 경우 교수, 종교인, 시민사회단체 인사 등 특정 계층으로 구성되었고, 성비와 나이 분포도 편중된 측면이 있었다. 이와 같은 한계에도 불구하고 갈등을 빚었던 지역 주민들이 배심원단의 결정을 수용했다는 점, 지역 주민들이 결정을 수용했다는 것이 감정적으로 평온을 찾았다는 것을 의미하지는 않았다는 점 등은 주목할 만하다.

울산에서 시민배심원제가 공론화된 것은 2004년 10월 20일로서, 울산방송 시사진단 '북구 음식물 자원화시설 타협점 없는가' 토론 프로그램에 이상범 구청장과 강혁진 비대위원장이 출연해 '배심원제 원칙 동의 및 결과 승복'을 공개적으로 표명한 것이 계기였다. 당시 비대위는 동 수준의 주민투표를 원하고 있었으나 구청은 구 단위의 주민투표 또는 배심원제를 주장하고 있었다. 동 주민들의 반대에도 불구하고 비대위가 배심원제를 수용하기로 결정한 것은 구의 여론이 동 주민들을 님비로 몰고 있었고, 비대위는 법적인 문제로 상당히 위축되어 있었기 때문으로 추정된다.

물론 그 과정이 순탄치만은 않았다. 10월 26일부터 11월 4일까지 구청과 비대위 측은 10명 내외의 인원이 모여 4차례에 걸친 협의 회의를 진행했지만 합의가 되지 않았다. 11월 10일 구청 항의 방문 시 격앙된 주민들이 북구청 내 진입을 시도하면서 물리적 충돌이 시작됐고, 주민과 경찰의 난투극이 벌어지면서 비대위 간부들이 구속됐다. 11월 26일 관련 지역의 아파트자치회가 임시회의를 갖고 5일간 자녀들의 등교거부 방침을 정하기도 했다. 그러나 주민들의 바람과는 달리 등교거부에 대한 전국적인 보도 이후 "어른들의 님비현상에 아이들이 볼모로 잡혔다"는 등의 불리한 여론이 형성되었다. 12월 1일 북구청장은 기자회견을 갖고 시한부 공사 중단(12월 3~5일)을 선언

하며 주민들이 배심원제에 동의할 것인지 결정해 달라고 촉구했다. 주민대표 회의는 주민투표를 통해 배심원제 수용을 결정했고, 12월 5일 오후 2시 기자회견을 통해 배심원제 수용 사실을 밝혔다.

배심원들의 직업분류로 보았을 때 대학교수 7명, 종교인 7명, 시민단체 상근운동가 6명, 교사 5명, 전업주부 4명, 회사원 4명, 변호사 3명, 기관대표 2명, 작가 · 화가 · 세무사 · 자영업자 · 공공도서실근구 각 1명이었다. 배심원들의 성비는 남성이 30명으로 13명인 여성에 비해 많았다.

배심원단은 12월 13일부터 28일까지 15일 동안 활동했다. 회의의 성립과 의결은 배심원 과반수 참석과 참석자 과반수의 찬성으로 했다. 찬반으로 결정내리는 대신에 조정안을 제출하자는 의견도 제기되었으나, 이미 갈등이 상당한 상황으로서 양 당사자간에 협의가 실패한 상황에서 새로운 조정안이 제출된다고 하더라도 그 조정안을 양 당사자의 수용 여부에 맡기는 것은 양상을 더욱 복잡하게 할 것이라는 의견이 나왔다.

최종 표결은 1차 투표에서 참석 배심원의 2/3 이상으로 결정하고, 이에 미달할 때는 토론 후에 2차 투표를 실시하여 과반수 찬성이 되는 쪽을 최종 결정으로 하기로 했다.

배심원들의 회의 참여율은 평균 82%였다. 견학 프로그램은 50%였으나, 최종 투표에는 3명의 서면 투표자를 포함할 수 있어서 단 한 명 만 불참하고 나머지는 모두 참석하였다(98% 투표율).

소요시간은 견학 포함해서 15일의 기간 동안 5회 모였고, 1일 평균 6.6시간 동안 진행되었다. 최종 결정은 '시설을 짓는다'에 31표, '짓지 않는다'에 9표, 무효 1표로서 3분의 2(28표) 이상을 얻은 안이 나와서 1차 투표에서 결론이 났다. 다음은 투표가 끝난 후 배심원단이 외부에서 기다리고 있던 사람들에게 투표 결과를 알리기 위해 작성한 결정문이다.

북구 음식물자원화시설 배심원단 결정문

- 북구 음식물 자원화시설과 관련하여 주민과 북구청의 합의로 실시되어 운영된 배심원단은 2004년 12월28일(화) 배심원단 자체회의를 통해 2/3 이상(총 43인의 배심원중 41명 투표 참여)의 배심원단 찬성으로 음식물 자원화시설의 설립을 결정하였다.
- 그동안 배심원단은 12월13일(월) 설명회를 시작으로, 12월 16일(목) 주민과 구청측의 1차 진술 청취, 12월21일(화) 남해, 중산동, 건립예정지, 중구 음식물처리장 방문, 12월23일(목) 공청회 및 자체회의, 12월28일(화) 결정을 위한 자체회의 등을 진행하였다.
- 배심원단은 상식적 시민의 판단근거와 배심원 각자의 양심적 판단이라는 기준 아래 연말이라는 시간적인 제약 속에서도 16일, 23일, 28일 회의에 40명 이상의 배심원단

이 참여한 가운데 배심원단에게 부여된 역할을 성실히 수행하려 노력하였다.

- 배심원단은 시설물 설립 결정과 함께 이해당사자들에게 아래와 같은 권고내용을 전달하기로 결정하였다.

1. 2004년 12월28일(화) 합리각서의 서명당사자들은 합의내용을 성실히 이행해야 한다.
1. 북구청은 인센티브와 관련된 약속을 성실히 이행해야 한다.
1. 북구청은 자원화시설의 운영과 관련하여 약속한 주민참여 및 의견 수렴 장치를 제도화해야 한다.

2004년 12월 29일
북구 음식물자원화시설 배심원단 일동

〈그림 3-4〉 울산 북구 음식물자원화시설 시민배심원단 결정문

일반적인 시민배심원제의 과정은 다음과 같다.

① 사업추진기관 등이 시민배심원제에 대해 기획

② 사업추진기관 등이 의제를 설정

③ 사업추진기관 등이 중립적으로 인식될 만한 위원회(4~5인)를 구성

④ 위원회에서 시민배심원단을 무작위로 선발 (20명 내외)

⑤ 가치평가를 위한 오리엔테이션 (Value Review) 진행: 배심과정의 시작

⑥ 증인채택, 사회자 선정, 청문, 현장 방문 등 진행

⑦ 배심원들이 결론 도출

⑧ 배심원들이 정책 권고안 발표

5) 남아프리카 공화국의 시나리오 워크숍 사례

시나리오 워크숍은 "특정 주제에 대해 정책결정자, 기술전문가, 기업 · 산업관계자, 시민 등 4개 집단의 관계인이 함께 참여하여 향후 발생가능한 문제점과 해결방안에 관한 시나리오를 작성하는 것"(국무조정실, 2013: 19)이다.

이 경우 사람들이 자발적으로 참여하는 것이 아니기 때문에 수당 등 인센티브가 필요한데, 집단지성의 경우 문제 해결 과정에 몰입하는 데는 외적보상이 내적보상보다 효과가 떨어진다는 연구 결과가 있다는 것[6]을 감안하면, 외적보상과 내적보상을 복합적으로 포함시키는 것이 효과적일 것이다.

시나리오 워크숍에 집단지성이 효과적으로 활용되기 위해서는 각 시나리오에 대한 논의 결과를 체계적 방법으로 통합하는 기제가 중요하다. 완성도 높은 시나리오가 갈등의 당사자들에게 객관적 분위기에서 전달될 때, 그들이 이 시나리오에 영향을 받음으로 해서 갈등 양상이 바뀔 수도 있을 것이다.

시나리오 워크숍의 대표적인 사례로는 남아프리카 공화국에서 1991~1993년까지 진행된 사례가 있다. 1991년, 남아공의 상황은 앞날에 대한 불확실성이 최고조에 이른 상황이었다. 수십 년 동안 지속된 흑백 분리 정책이 끝나는 것은 기정사실화되었지만, 그 이후가 어떻게 될 것인지에 대해서는 미지의 상태였다. 사실 미래는 불확실한 것이기도 하지만, 새롭게 건설해 나가

6 칼 던커는 1945년 '촛불 퀴즈'에서 5달러의 인센티브를 준 경우가 아무런 인센티브가 없었던 경우에 비해 문제해결에 시간이 더 많이 소요됐다는 것을 발견했다. 칼 던커는 그 원인에 대해 인센티브가 있었던 그룹에서는 협력보다는 각 개인 간의 경쟁이 작동했기 때문으로 보았다. 반면 인센티브가 없던 그룹에서는 호기심 등 내적 보상이 작용했기 때문이라고 설명했다. (이영한 · 최인영, 2010)

야 하는 것인데, 이 당시에는 어떤 미래를 향해 나아가야 할 것인지, 즉 미래의 방향을 어디로 잡을 것인지에 대해서도 막막하던 상황이었다. 당시 아직 권력을 잡고 있지 못한 진영은 미래에 대한 청사진을 제시하기 위해 시나리오 워크숍을 갖기로 했다.

흑인과 백인, 모든 정당과 조직을 대표하는 22명의 사람들이 시나리오 워크숍에 참석했고, 이들은 자신의 인종과 정치적 성향을 떠나 더 나은 남아공의 미래라는 공통된 목표를 위해 함께 워크숍을 진행한 것으로 전해진다.

3차에 걸친 워크숍은 2년 뒤인 1993년에 끝났다. 이 워크숍을 통해 참가자들은 '남아공은 앞으로 어떻게 될까?'에 대한 4가지 시나리오들을 만들어 냈다.

남아공의 미래에 대한 첫 번째 시나리오는 '타조(Ostrich)'였다. 이 시나리오는 민주적 대표성이 없는 백인 정부가 차기에 남아공을 다스리는 경우를 상정하고 있다. 백인 정부는 위험이 닥쳤을 때 주변의 소리를 듣지 않고 자신의 머리를 모래 속에 박는 타조처럼, 다수의 흑인들이 요구하는 목소리(협상안)에 응하지 않는 경우를 말한다.

남아공의 미래에 대한 두 번째 시나리오는 '레임덕(Lame Duck)'이다. 이 시나리오는 차기 정권에 주관이 뚜렷하고 추진력이 있는 정부가 아니라, 주도성이 약한 약체 정부가 들어설 경우를 가정하고 있다. 약체 정부는 남아공의 수많은 세력에 대해 눈치를 보지만, 그 어떤 세력도 만족시킬 수 있을 만큼의 추진력 있는 정책을 펼치지 못하기 때문에 현상 유지의 수준에 머물고, 개혁은 계속 미뤄지게 된다고 예상됐다.

또 다른 시나리오는 '이카루스(Icarus)'이다. 이카루스는 너무 태양 가까이 날다 떨어져 죽은 신화 속의 인물로서 무모한 도전을 하는 것을 상정한다. 이카루스 시나리오 상에서는, 흑인 정부가 대중적인 지지를 얻어 집권한다. 이 흑인 정부는 흑인에게 유리한 정책을 추진하는데, 예를 들어 흑인과 백인의 빈부차를 줄이기 위한 것 등이 진행되는 것을 가정했다. 그런데, 이런 정책에는 많은 경비가 들어가는 국가적인 사업이 포함된다. 이카루스의 날개가 태양열에 녹는 것처럼, 이 정부는 이 과정에서 재정적인 문제 부딪히게 된다.

가장 밝은 미래를 그린 시나리오는 '플라밍고들의 비행(Flight of the Flamingoes)'이었다. 이 시나리오는 남아공이 모든 어려움에도 불구하고, 성공적인 변화를 가져오는 것을 보여준다. 이 시나리오 상에서 남아공의 모든 중요한 세력들은 서로를 경계하거나 배척하지 않고, 서로 서로 연합해 새로운 사회를 건설한다. 이 과정 역시 조급하지 않고 서두르지 않는다는 특징을 가지고 있다.

6) 남해군 화력발전소 유치 관련 주민투표 사례

주민투표 제도는 지방자치법 제14조에 따라 지방자치단체의 주요 결정사항에 대해 주민들이 직접 참여할 수 있도록 하기 위한 제도이다. 동법 제14조 1항은 "지방자치단체의 장은 주민에게 과도한 부담을 주거나 중대한 영향을 미치는 지방자치단체의 주요 결정사항 등에 대하여 주민투표에 부칠 수 있다"고 명시하고 있다.

2011년 동서발전과 포스코건설은 남해군에 "남해에너지파크 및 첨단산업단지" 건설 타당성 용역을 위한 제안을 했다.[7] 남해군은 여론조사 결과 반영 등 조건을 제시하며 조건부로 동의했고, 같은 해 12월에 건설타당성에 대한 조사용역이 시작되었다.

용역 결과는 2012년 6월에 나왔는데, 남해 군수는 7월 17일 기자회견을

7 남해군 화력발전소와 관련하여 2015년 6월 30일 남해군 관계자와 통화해서 관련 자료를 미리 입수함. 입수한 자료에 근거해 사전 설문 문항을 구성했고, 7월 3일 오전 10시부터 1시간 동안 심층 전화 인터뷰를 실시함. 인터뷰 실시 후 필요한 자료에 대해 추가적으로 요청했고, 추후 자료를 제공받음.

열고 "공론의 장을 거친 후에 군민들의 뜻을 직접 묻도록 하겠"다고 말했다.

이후 7월 19일부터 8월 말까지 읍면 주민설명회와 기관단체 설명회 등이 개최되고, 8월 초에는 두 차례에 걸쳐 군민 대토론회도 열렸다.

그런데, 군민들의 의견은 어느 하나로 모아지지 않았다. 8월 10일 화력발전소 저지 대책위원회 주관으로 300명 정도가 모여 반대 집회를 하고 거리행진을 진행했다. 이들은 반대설명회의 기회를 달라는 것과 공무원들이 중립을 지키라는 것, 또한 주민투표일을 조기에 확정하라고 요구했다. 한편 8월 21일 범군민 유치위원회가 1천명 규모로 발대식을 개최했다. 반대대책위원회는 8월 23일 군수를 면담해 빠른 시일 내 주민투표를 실시해 달라고 요구했고, 유치위원회 역시 8월 27일 군수와 면담하면서 주민투표 결과에 승복하는 것이 중요하다는 것과 군민간 화합이 필요하다는 것을 강조했다.

9월 3일 남해군과 의회는 의사일정 등을 논의하는 협의를 진행했고, 9월 5일 남해군이 의회에 투표 실시를 요구했다. 9월 11일 의회는 주민투표를 실시할 것을 의결했고, 같은 날 주민투표 청구요지가 공표되었다.

주민투표는 9월 17일 발의되었고, 10월 17일 실시되었는데, 유권자 42,055명 중에서 22,367명이 투표에 참가해 53.2%의 투표율을 보였으며, 찬성 10,870명, 반대 11,380명, 무효 117명으로 50.9%가 반대하여 남해군은 남해에너지파크 유치 동의서를 제출하지 않기로 했다.

일반적인 주민투표 절차는 다음과 같다.

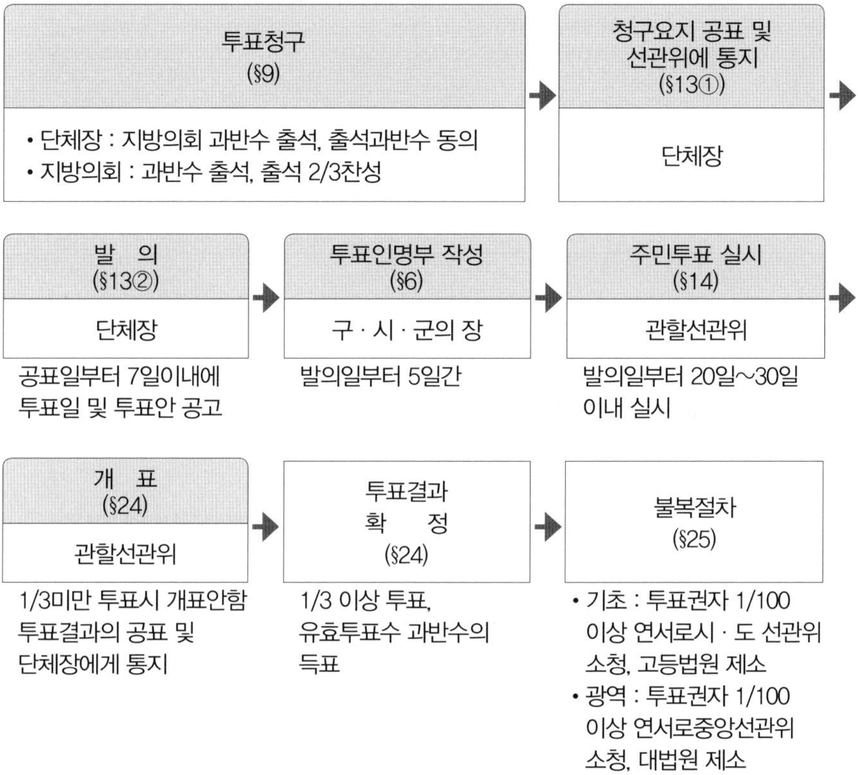

〈그림 3-5〉 단체장 · 지방의회에 의한 주민투표 청구절차

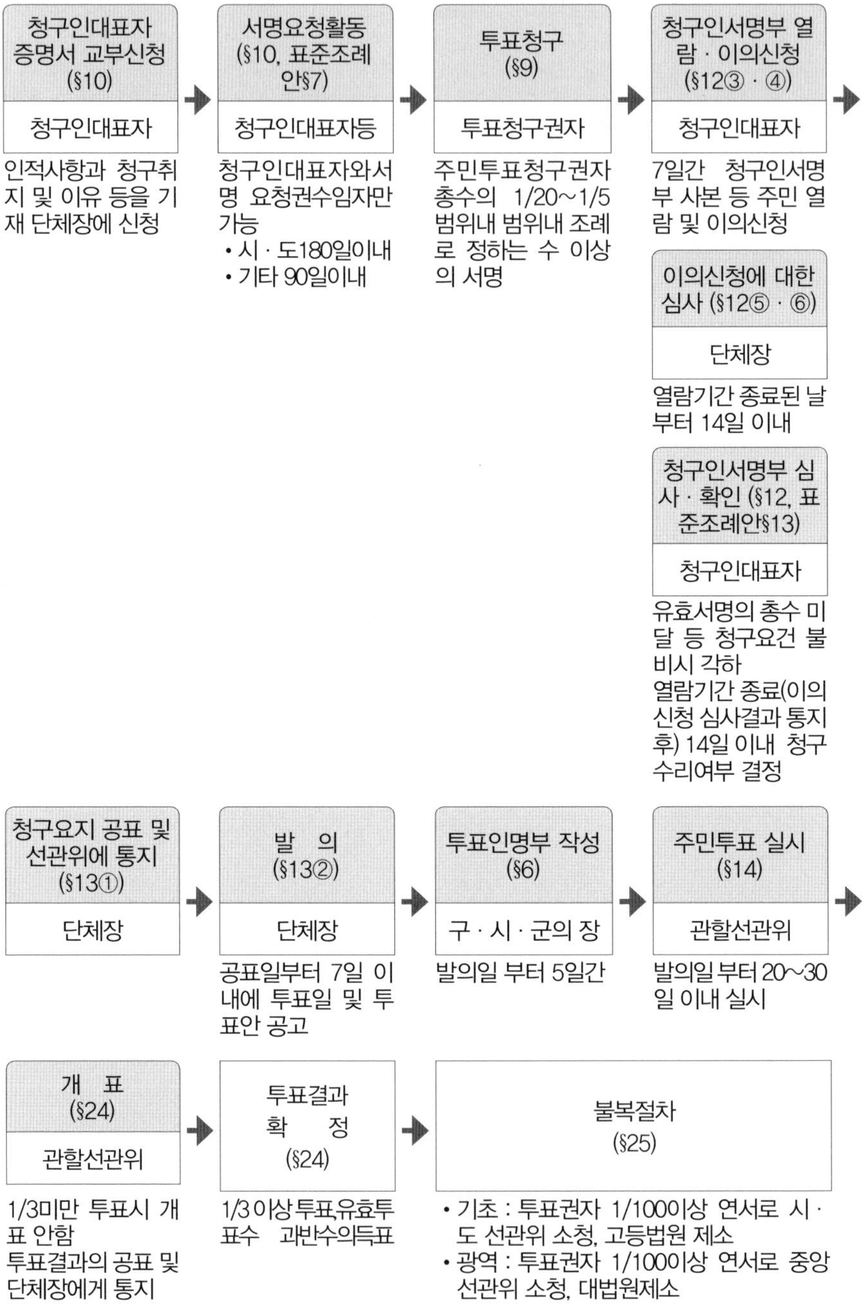

〈그림 3-6〉 주민에 의한 주민투표 청구절차[8]

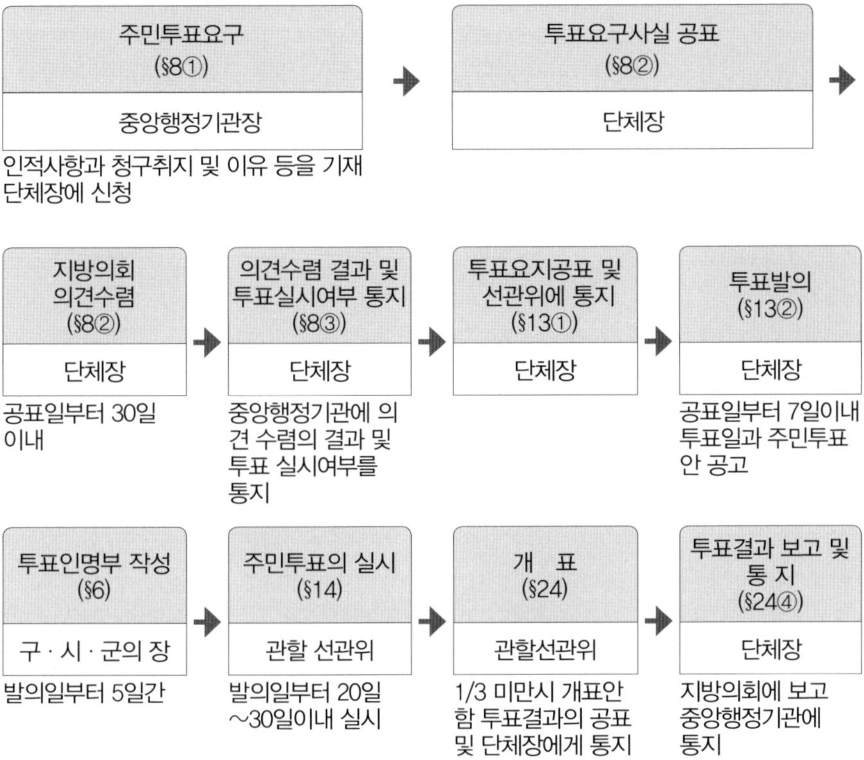

〈그림 3-7〉 국가정책에 관한 주민투표 청구절차

8 이하 주민투표 관련 절차도는 행정자치부의 정책정보(주민투표제도 개요 및 추진절차, 2011.9.16. 게시)를 인용한 것임.

토론 사항	• GMO 문제에 대해 중국 등 다른 나라에 비해 우리나라가 더 잘 대응하고 있다고 볼 수 있는가? 만약 그렇다면, 합의회의가 거기에 어떻게 기여했다고 볼 수 있는가? • 2017년 진행된 신고리 5 · 6호기 공론조사의 성공 요인은 무엇이라고 할 수 있는가? • 비선호시설이나 선호시설의 입지를 결정하는 데 입지선정위원회가 종종 활용되고 있다. 성공적인 사례 뿐 아니라 문제가 발생한 사례를 조사하여 그런 차이를 가져오게 된 원인을 추론해 보자. • 주민투표를 통한 합의형성의 다양한 사례를 조사해서, 그 장 · 단점을 생각해 보자.

참고문헌

국무조정실(2013), 『공공기관의 갈등관리 메뉴얼』, 국무조정실.

김소연(2006), 「공공정책 갈등과 민주주의」, 경희대학교 석사학위논문.

김환석(2000), 「합의회의의 추진경과 및 발전방향」, 『과학기술정책』 10-2: 38-45.

이영한(2010), 『2011 세상을 바꾸는 생각들: 정보 분석 활성화, 집단지성과 사회 시스템 11』, 한국산업기술진흥원.

이영희(2008), 「과학기술 민주화 기획으로서의 합의회의: 한국의 경험」, 『동향과전망』 73: 294-324.

한재각(2006), 「1998년 '유전자조작식품(GMO) 합의회의'가 국내 최초 "경제적 유용성과 별개로 윤리적 측면 전제돼야" 합의」, 『과학과 기술』 9월호: 56-59.